班主任专业能力提升培训系列丛书

职业院校班主任 21 天精进训练课程

梅亚萍 著

机 械 工 业 出 版 社

本书设计了职业院校班主任21天精进训练课程，按照由浅入深的学习规律设计为跨出舒适区、走进学习区、挑战恐慌区3个训练阶段。每一天聚焦班主任专业成长的某一方面问题，进行问题分析并提出解决问题的建议，通过登门槛效应，给予职业院校班主任专业成长的针对性指导。

本书的撰写既注重职业院校班主任专业成长之“道”，又力求提供给职业院校班主任专业成长之“术”，文笔清新流畅，便于读者学习理解与实践操作。本书既可以作为职业院校新入职教师和班主任的培训教材，也可以作为广大职业院校德育管理者的自我学习读本。

图书在版编目（CIP）数据

职业院校班主任21天精进训练课程 / 梅亚萍著. —北京：机械工业出版社，2021.5（2025.6重印）
（班主任专业能力提升培训系列丛书）
ISBN 978-7-111-69165-5

Ⅰ. ①职… Ⅱ. ①梅… Ⅲ. ①中等专业学校－班主任工作－师资培训－教材 Ⅳ. ①G718.3

中国版本图书馆CIP数据核字（2021）第192598号

机械工业出版社（北京市百万庄大街22号 邮政编码100037）
策划编辑：宋 华 责任编辑：宋 华 刘益汛
责任校对：王 欣 封面设计：鞠 杨
责任印制：常天培
河北虎彩印刷有限公司印刷
2025年6月第1版第4次印刷
169mm × 239mm · 10.75 印张 · 190 千字
标准书号：ISBN 978-7-111-69165-5
定价：49.80元

电话服务	网络服务
客服电话：010-88361066	机 工 官 网：www. cmpbook. com
010-88379833	机 工 官 博：weibo. com/cmp1952
010-68326294	金 书 网：www. golden- book. com
封底无防伪标均为盗版	机工教育服务网：www. cmpedu. com

序　耕耘的快乐与幸福

近年来，和梅亚萍老师一起参加了很多活动。我在教育部文明风采竞赛作品评审、职业院校学生思想状况调查和中国职教学会德育工作委员会举办的中职班主任基本功大赛等相关活动中，深深地感受到梅亚萍老师学习研究、创新实践、总结升华的执着、勤奋与奉献，深深地感受到她对职业院校德育工作的忘我投入，深深地感受到她在德育工作田野里辛勤耕耘后收获的快乐与幸福。

从江苏省到广东省再到全国各地，很多职业院校的德育工作者都在不同的场合听过梅亚萍老师的专题报告，都被她理论的高度、学术的深度、视野的广度和对学生大爱的温度所感染、所启发、所提高。例如，她写的《新时代职业院校德育工作的目标、导向和路径探析》，提出了新时代背景下，职业院校德育工作目标应聚焦“德技并修”的人才培养要求以解决德育工作针对性不强的问题、工作导向重在精心营造“文化育人”的育人氛围以解决德育工作亲和力不足问题、工作路径重在系统构建“三全育人”体系以解决德育工作的有效性不够问题，并先后被《江苏教育》杂志和《出彩德育云》网络平台等刊发、转载。

梅亚萍老师一直在职业院校德育工作田野里默默地耕耘着，硕果累累。她为人真实、真诚，乐于分享。很多的德育工作者特别是班主任在关注着、追逐着她的微信公众号“梅老师的教育笔记”，阅读着上面的每一篇文章，体会着其中的道理，学习着其中的方法，享受着其中的滋味，思考着自己的人生。很多人还忍不住在自己的朋友圈中转发、分享。有的班主任跟我说，梅老师分享的每一篇文章都很有价值，让人很受鼓舞、很受教育、很受指导。梅老师指导的两名年轻班主任都在全国中职学校班主任大赛中获得了一等奖，其中无锡技师学院的徐洁老师还在第二届全国中职学校班主任基本功大赛总结颁奖大会上做了典型发言，给全国中职班主任留下了美好印象，反映出梅老师指导有方、服务到位。

疫情原因，2020年年初，我在家里专心致志地整理了自己主持开发的广东省在线开放课程《班主任与班级建设》，并于元宵节之日在“粤港澳大湾区高校在线开放课程联盟”平台上线。而在这个漫长的寒假里，梅亚萍老师根本没有休息，她一直待在学校防疫工作第一线认真工作。她和我交流说：“在这个漫长的寒假中，学生停课不停学，我们班主任也应该认真学习啊！您做的在线开放课程非常有必要，我们都应该做点可以做的事情。”

我的在线开放课程给处在疫情之中宅在家里的中小学班主任和高校师范类专业本科生、研究生送去了“特殊礼物”，受到全国各地的广泛好评。其中，有我邀请梅亚萍老师主讲的专题《中职班主任，请伸开您的五指》。在专题中，她用一只手的五个手指头生动形象地把教育部和人社部 2010 年发布的《关于加强中等职业学校班主任工作的意见》中提出的班主任应该认真履行的“学生思想工作、班级管理工作、组织班级活动、职业指导工作、沟通协调工作”五大工作职责进行了认真解读，让来自全国各地的近三千名学员牢牢记住了这五大职责，深刻地理解了其中的内涵，促进了广大班主任在新时代更好地履行重要职责、担当历史使命。在讨论区，学员们纷纷点赞、留言、谈体会。

令我感叹不已的是，4 月暮春时节，梅老师给我发来了《职业院校班主任 21 天精进训练课程》书稿，请我写序。她告诉我这是她利用防疫工作之余的休息时间完成的，有时候会写到半夜。很难想象，她是如何一边认真踏实地做好学校防疫工作，一边又如此勤奋自觉地学习思考的，她这样的精神值得每一位读者学习。

我认真阅读了梅老师的书稿，我感到自己又受到很多的教育与启发。我认为，这本书应该成为职业院校班主任专业提升的案头工具书，“新”“亲”“深”“实”是这本书的鲜明特点。

一、“新”：体例新、风格新，让人耳目一新

我现在看到一些人推介的书中，有的飘在天上，太高太虚太深太玄，甚至假大空；有的躺在地上，太低太实太浅太易，甚至半成品。而梅老师的这部著作给我耳目一新的感觉：一是编写体例新颖别致，本书通过 3 个部分 21 个专题，期盼实现“跨出舒适区，每天改变一点点”“走进学习区，每天积累一点点”“挑战恐慌区，每天进步一点点”，其中，每个专题结构匀称、思路清晰，走出了很多人编书的老套路，有创新，有新气息；二是写作风格别具一格，很多人编写书籍都是中规中矩，为追求所谓的严谨而缺少可读性，本书用“随笔”的风格编写，文笔活泼、自然，很清新、很别致，让人读起来很舒服、愿意看，特别是愿意看完并圈圈点点，从而，达到了编写出版的指导目的。

二、“亲”：学生亲、教师亲，给人和蔼可亲

党的十九大报告以新的高度强调了坚持以人民为中心的发展理念，这既是习近平新时代中国特色社会主义思想的重要内容，也是新时代坚持和发展中国特色社会主义的基本方略。那么，教育工作者应始终如一地坚持以学生为中心的发展理念去开展教育教学，促进学生人生出彩。而实现这个目标的“关键少数”是班主任，是班主任综合素质的提升、能力的提高。本书的所有策略、方法都是为班主任所思、所想、所急、所为，字里行间表现出作者对教育、对学生、对班主任的大德大爱大情怀，一言一行表现出对班主任能力提升的关注、关心、关爱。也正是这种温情、温暖、亲情、亲切让读者感受到当一个合格的乃至优秀的班主任是多么的快乐与幸福、自豪与骄傲，是多么的有成就感、获得感，是多么的光荣、伟大、崇高、美丽。

三、“深”：理论深、研究深，引人博大精深

这个特点可能是本书区别于现在市面上很多班主任工作指导和班主任能力提升方面书籍的最大之处。因为我看到过的来自专家的书好多是理论多实践少甚至只有理论，而来自一线的优秀班主任们的书又多是艰苦实践探索出来的经验之作，缺少理论支撑与引领。而本书就很好地解决了这个问题，而且做到了有针对性的运用。如第一个专题中，作者写道：“第 1 天，请暂时不去想班主任工作应该如何去做的问题，还是先来看看自己内心中的工作价值观吧！”然后，引导班主任老师参考“利他主义、美感、智力刺激、成就感、独立性、声望地位、管理、经济报酬、社会交往、舒适、安全感、人际关系、追求新意”13 个工作价值进行递减式选择。在选择中又介绍了积极心理学里的 MPS 工具，从而指导班主任们结合班主任工作的实际做出自己的“重要决策”，寻求到从事班主任工作的意义和价值，并快乐地发挥出自己的优势。这种通过理论的支撑和引领来帮助班主任一步步、一点点成长的做法，一方面展示了作者对博大精深的教育学、心理学等理论学习研究之深入细致、触类旁通、灵活运用，另一方面从作者每一个专题的恰当运用，也启示广大班主任静心、潜心、专心、细心地学习好、运用好习近平新时代中国特色社会主义思想、党和国家的政策法规、教育学心理学等相关理论，让博大精深的理论成为自己工作的有力武器，从摸着石头过河到通过顶层设计自信自觉地开展工作，让理论与实践相结合，从而事半功倍、顺利前进。

四、“实”：策略实、方法实，助人开花结实

基于上述分析，本书既着眼于职业院校班主任专业成长之“道”，又着力为职业院校班主任提供了专业成长之“术”，可谓总体策略很实在、具体方法很实用。其中，作者毫无保留地介绍了自己的成功经验，分享了相关优秀班主任的典型案例，提供了很多有效方法。如果班主任能通过 21 天精进训练课程的学习，理解掌握相关理论和理念，学会相关建班育人的成功经验，结合“同步练习”进行探索实践，就一定会有收获、有改变、有提高、有进步，一定会开出鲜艳的花朵、结出丰硕的果实。如果每位班主任及广大德育工作者、教育工作者都能够“每天改变一点点”“每天积累一点点”“每天进步一点点”，那么，还愁事业不成功、人生不出彩？

总之，本书内容原创、有效、示范，是作者总结自己几十年从事和指导职业院校班主任工作的经验之作，是提升职业院校班主任专业能力和建班育人水平的创新之作，是服务全国各地职业院校班主任快乐成长的开放之作，值得阅读、研究、借鉴，值得职业院校班主任共同交流、创新、进步。让我们在新时代新方位，继续加强学习、锐意创新、探索前进，在实现中国梦伟大进程中引领广大学生人生出彩、谱写自己的绚丽篇章。

中国职业技术教育学会德育工作委员会副主任
兼班主任工作与师德建设研究中心主任
广东技术师范大学马克思主义学院院长　　汪永智
广东省中等职业学校德育研究与指导中心主任
广东省中等职业学校德育研究会会长

2020 年 5 月 2 日

自序　教育不是简单的事儿

教育绝对不是一件简单的事儿。

每次我和一线的职业院校班主任老师们交流时总要说起这句话。和很多工作相比，教育工作的对象是人，不是物件。那些工匠大师们尚且会赋予他们面前的各种物件以神圣的生命对待，更何况我们面对的是一个个活生生的生命。所以，每一位班主任都无法也绝不可以简单地去对待学生生命的成长。

有一句令我感动不已的话：“我不是来当妈妈的，我是来跟着孩子学习怎么做一个好妈妈的。”带下一届学生时，我是不是可以说：“我不是来给你们做老师的，我是来跟着你们学习怎么做一个好班主任的。”

确实，班主任应该跟着学生学习如何来做一位好班主任。

班主任本身就是学生。关于“学生”二字的内涵，陶行知先生指出：“学”字的意义，是要自己去学，不是坐而受教。“生”字的意义，是生活或生存。可见，职业院校班主任每天所面对的班级里每一位学生的点点滴滴，都可以成为班主任学习的资源。

我曾问一些班主任：“假如今年暑假里，学校领导交给了你一个所谓的差班，你会怎样看待这个任务？”有老师说那会是一个悲剧；也有老师说那会是一个金矿。我希望职业院校班主任首先都能拥有发掘金矿的热情。

职业院校班主任工作固然不会很容易，但也不至于无处下手。如何做好职业院校的班主任工作？建议各位班主任先来思考以下三个问题。

一、如何看待学生

职业院校的学生一般学习成绩不够好、行为习惯也有些偏差，这是绝大多数职业院校班主任老师面对的现实。

我曾收到一位职业院校班主任老师的求助：他担任班主任工作以来，一心扑在工作上，凡是学生出现的大大小小的问题，他都会事无巨细地努力去处理。但是没过多久，他发现没有了属于自己的学习时间，没有了属于自己的业余生活，每天只是疲于应付各种事务，无法静下心来思考。于是，他开始抑郁，班主任工作也陷入了越想做好可是越做不好的境地。

我问他："为什么所有的事情都要自己去做呢？"他说："我也想过让学生做，可是我不放心。"

这个案例提醒班主任：我们能否对学生高看一眼呢？美国心理学家霍华德·加德纳的多元智能理论告诉我们：每个学生身上都有属于他们自己的优势，职校生也不例外。

如何看待学生，就是学生观。

职业院校班主任首先要树立正确的学生观。

——学生是活生生的个体；

——学生是富有潜力的发展中的人；

——学生是有个性的特别的人。

高看学生一眼，是建立和谐的师生关系的基石。和谐的师生关系，又会给职业院校班主任工作的顺利开展带来很多助力。

二、如何处理问题

职业院校班主任工作并不会容易，班主任会在工作过程中碰到问题。遇到问题该如何解决？

在和职业院校班主任老师接触的过程中，班主任老师会问我很多问题："学生总是迟到怎么办？""学生要退学怎么办？""学生夜不归宿怎么办？""学生干部不敢管事怎么办？"……

职业院校班主任在学习时总喜欢听"接地气"的讲座，因为他们能够从中获得很多解决他们自身疑问的答案。在各类职业院校班主任基本功或专业能力大赛中，组织者也经常会提供一些个案给选手来进行分析，这些个案通常来自于一线班主任老师的管理实践。不同的选手对同样的个案，判断和解决问题的方法不会完全相同。这就好比我们解数学题一样，解题的方法可能有几种，而最终结果一定是要能够解决实际问题。

如何处理问题？需要班主任掌握一定的方法，而方法必然来自于班主任对于教育理论的学习，来自于班主任在工作中的反复实践。

三、如何提升能力

职业院校班主任向专业化方向的成长，不是平坦大道，它需要班主任自身的努力提升。

我经常会问职业院校班主任："你会去做复盘吗？"复盘，就是回头再来看，看看工作中班主任获得的经验和教训。

复盘的方式很多。从我个人经验来看，由简单到复杂的复盘方式大约有以下四种：

——工作结束后一个人心里默默地想想。这种方式最为简单且容易操作。

——和家人同事朋友分享喜悦与困扰。此种方式容易分解挫败感、提升成就感。

——撰写教育故事或者教育案例。此种方式主要做回顾总结，教育理念容易被提炼出来。

——进行专业性课题研究，撰写专业性论文。此种方式对于一线班主任有点难度，但对于职业院校班主任专业能力提升极为有效。

从低到高，职业院校班主任可以选择适合自己的复盘方式。但必须提醒，倘若是一直以最简单的方式进行复盘，就好比是在舒适区里面追求更快更高的成长，那是不太可能的。而且，我们站在山谷中与站在半山腰、站在山顶仰望星空俯瞰大地的感觉，肯定不一样。

教育不是简单的事，做一名优秀的职业院校班主任自然也不是很容易的事。

职业院校班主任的专业成长需要走出舒适区，勇敢地去面对问题，一步一步向优秀卓越攀登。世上无难事，只要肯攀登。

这本书，我将 21 天分 3 个阶段，来对职业院校班主任专业成长做些指导和反思。

行为心理学的研究表明，21 天的重复，可以养成一个新的习惯。3 个阶段，则是依据美国心理学家诺埃尔·蒂奇（Noel Tichy）提出的“舒适区理论”划分的。他用“舒适区”表示人们已经掌握的熟练技能，在此区域中人们的工作会得心应手；他用“恐慌区”表示人们感觉学不会的技能，在此区域中人们会感到非常不适甚至崩溃；在“舒适区”和“恐慌区”之间是“学习区”，表示人们正在学习的技能。

可见，对于一个人的成长而言，最理想的状态是处于“学习区”。通过持续的学习，我们可以慢慢地把“学习区”变为“舒适区”，随着“舒适区”的拓展，一部分的“恐慌区”又会相应变成“学习区”。

毋庸置疑，学习是职业院校班主任专业成长的必经之路。尽管做到不是那么容易，但我们都应该努力，努力用好这 21 天，一起走过这 3 个阶段，去把教育这件很不简单的事儿做成我们师生间最美丽的遇见。

我曾被厦门六中合唱团学生演唱的那首《夜空中最亮的星》所感动。

夜空中最亮的星

你能否听清

那仰望的人心里的孤独与叹息

要听懂学生的内心，就需要我们去做夜空中那颗最亮的星。

我深信这 21 篇文字的输出，同时也是在对我自己进行学习的输入。让我们一起完成 21 天的成长，同时也期望这是一本对你对我都有用的书。

梅亚萍

2020 年 2 月

前　言

本书以习近平新时代中国特色社会主义思想为指导，立足于提升职业院校班主任专业能力，落实立德树人根本任务。本书重在激发职业院校班主任专业成长的使命感和愿望，以专业成长中的困惑与问题为导向，指导职业院校班主任在21天的学习中实践，一步步地走向专业成长。

职业院校班主任是职业院校学生管理工作的主要实施者，是职业院校学生思想道德教育的骨干力量，是职业院校学生健康成长的引领者。职业院校班主任岗位是重要的专业性岗位。加强职业院校班主任工作，对于贯彻落实党的教育方针，提高职业院校学生管理和德育工作水平，促进职业教育科学发展，具有十分重要的意义。

与其他专任教师相比，职业院校班主任工作的责任更重、要求更高。职业院校班主任要认真履行学生思想工作、班级管理工作、组织班级活动、职业指导工作和沟通协调工作5项主要工作职责，不仅需要了解学生的身心特点、学习情况、家庭状况，帮助他们掌握良好的职业技能，而且需要通过富有耐心和爱心的教育，引导他们形成良好的道德品质、行为习惯和职业精神、职业素养，使其成长为合格的高素质劳动者和技能型人才。但事实上，很多职业院校班主任整天陷入了纷繁复杂的班级管理事务之中，很难抽出时间来静心学习提升。

解决问题的主体是人。解决问题的途径在于做中学、学中做。本书设计了职业院校班主任21天精进训练课程，按照教育学理论中的“舒适区理论”，将班主任专业成长分为3个阶段。第1阶段，跨出舒适区，每天改变一点点，引导职业院校班主任去寻找工作的意义，去寻找自己的优势，去优化工作的方式；第2阶段，走进学习区，每天积累一点点，引导职业院校班主任以职业院校各类班主任基本功大赛项目作为提升途径，去学习政策法规，去掌握教育理论，去尝试模拟训练；第3阶段，挑战恐慌区，每天进步一点点，引导职业院校班主任多阅读、多反思、多研究、多交流，在专业成长的道路上越走越远。

本书写作来源于一线职业院校班主任专业成长的实际需求，又回归到一线职业院校班主任工作的实践指导，以问题引领，以案例分析，以工具分享提供解决策略，通过登门槛效应，一步步给予职业院校班主任专业成长的针对性指导。

本书为教育部职教所 2019 年公益基金课题《职业院校教师专业能力培训需求调查研究》（课题编号：ZG201913）的子课题《职业院校班主任队伍现状与对策研究：基于长三角地区的调查分析》的研究成果之一。

本书的出版得到了中国职业技术教育学会德育工作委员会副主任兼班主任工作与师德建设研究中心主任、广东技术师范大学马克思主义学院院长汪永智教授和教育部职教所涂三广博士的悉心指导，在此特别表示感谢。此外，由于作者的学识水平和经验有限，本书如有疏漏之处，望广大读者批评指正。

著　者

目 录

第1阶段

跨出舒适区，每天改变一点点

跨出舒适区
去追寻工作的意义
去寻找自己的优势
去优化工作的方式
……
慢慢地
每天改变一点点
你会发现跨出去其实并没有那么令人害怕

确定愿景：寻找班主任工作的意义、快乐和优势

今日案例

我再也不想做班主任了

一天，我办公室的门被小李老师轻轻地敲开了。小李老师一进门还未开口说话，就泪水直流。

小李老师是一位刚来学校的新班主任，服从学校安排接受了某新生班级的班主任工作。她性格温和、做事认真，从军训开始我就看到她把全部身心都投入到了班主任工作中，经常看到她陪着学生。

“她这是怎么了？”我心里想着，但是我并没有多问。我赶紧让她坐下来，给她递上了纸巾，就让她痛痛快快地哭一会儿吧！

小李老师好不容易尽力抑制住哭泣，问我能不能允许她不再做班主任了？她说，她犹豫了很久才鼓起勇气来找我的。她已经被班级里的孩子们折磨得整夜整夜地睡不着觉，胸口很痛……话未说完，她又泪如雨下。

我问她，能告诉我遇到什么难题了吗？

原来，早读课上，班级里的一位男生不小心把一位女同学桌上的文具碰掉了，双方大吵了起来，小李老师站在一边劝阻无效后，就打电话给男生家长请他来学校，没想到家长对她说：“老师，我也要上班的！孩子交给你就你管吧！”瞬间挂断了电话。

我问她，以前也遇到过同样的难题吗？有没有请教过身边的老班主任？

她告诉我，每次遇到难题，她就会虚心请教老班主任，可拿回去的方法在她的班级里总不能奏效。

小李老师最初也是特别想做好班主任的，每天从早到晚都陪着学生，有时候为了和学生交流她经常来不及去食堂就餐。

但是她的付出好像没有任何效果，她感觉到做班主任工作实在是太痛苦了，身心俱疲，不想再做班主任了。

今日导练

案例中的小李老师因为接受了学校领导工作安排而成为一位职业院校班主任。她如何才能从痛苦中得到“解放”？一种方法是学校领导允许她立即停止班主任工作，此种方法迅速有效，但这并不利于小李老师在班主任工作方面的专业成长；还有一种方法是帮助她学会有意识地调整心态，去正确认知职业院校班主任工作的意义，努力找寻属于自己的快乐和优势。相比第一种方法，此种方法对年轻班主任的专业成长更为长久有效。

第 1 天，让我们一起来认知职业院校班主任工作的意义，找寻属于我们的快乐和优势。

今日精进

你是否发现在自己身边总有这样的班主任，他们总是充满工作的激情和活力，总能从工作中获得动力和幸福。

这会让你有些疑惑，也很是羡慕。

比如，著名教育专家李镇西老师就在很多场合中反复申明，他真的是非常愿意做班主任。我相信，当你走上职业院校班主任工作岗位的时候，你也想成为像李镇西老师一样的优秀班主任。

但现实是有很多老师并不愿意做班主任，因为觉得这项工作实在是太苦太累，能不做最好是不做；有的老师认为班主任工作无外乎就是管管纪律、做做保姆，即使他们服从学校安排做了班主任，他们也更愿意把精力放在教学研究和技能大赛上；还有一些老师在班主任工作中获得的成就感很低，取得的育人工作效果也不能立竿见影，还有很多反复，他们焦虑地做一天熬一天……

如果你现在也经历着工作的困惑、烦恼，那么请你学会改变。

1. 走进内心，筛选核心的工作价值观

改变，首先从明确你内心对班主任工作的价值判断开始。

人们总希望自己越来越好，在人们的内心中都有一些自己独特的准则，这套准则始终围绕在“我最想做什么”这个问题上。这就是价值判断。

第 1 天，请暂时不去想班主任工作应该如何去做的问题，而是先来寻找自己内心中的工作价值观吧！

美国心理学家舒伯（Super），总结了人在工作中追求的 13 种价值观（见表 1-1）。

表 1-1　工作价值观

价值观	说　明
利他主义	工作的目的和价值，在于直接为大众的幸福和利益尽一份力
美感	工作的目的和价值，在于能不断地追求美的事物，得到美感的享受
智力刺激	工作的目的和价值，在于不断进行智力的操作，动脑思考，学习以及探索新事物，解决新问题
成就感	工作的目的和价值，在于不断创新，不断取得成就，不断得到领导与同事的赞扬，或不断实现自己想要做的事
独立性	工作的目的和价值，在于能充分发挥自己的独立性和主动性，按自己的方式、步调或想法去做，不受他人的干扰
声望地位	工作的目的和价值，在于所从事的工作在人们的心目中有较高的社会地位，从而使自己得到人们的重视与尊敬
管理	工作的目的和价值，在于获得对他人或某事物的管理支配权，能指挥和调遣一定范围内的人或事物
经济报酬	工作的目的和价值，在于获得优厚的报酬，使自己有足够的财力去获得自己想要的东西，使生活过得较为富足
社会交往	工作的目的和价值，在于能和各种人交往，建立比较广泛的社会联系和关系，甚至能和知名人物结识
舒适（环境）	希望能将工作作为一种消遣、休息或享受的形式，追求比较舒适、轻松、自由、优越的工作条件和环境
安全感	希望不管自己能力怎样，在工作中有一个安稳的局面，不会因为奖金、涨工资、调动工作或领导训斥等经常提心吊胆、心烦意乱
人际关系	希望一起工作的大多数同事和领导人品较好，一起相处愉快、自然，认为这就是很有价值的事情，是一种极大的满足
追求新意	希望工作的内容经常变换，使工作和生活显得丰富多彩，不单调枯燥

请你仔细阅读舒伯的 13 个工作价值观并假设获得和失去这个价值观的感受

是什么。仔细思考，然后请从中挑选出最重要的 8 个工作价值观，填写在下面的表格里。

如果发生一场变故，让你不得不失去其中两项，保留 6 项，你会选择失去哪两项？请从上面的表格中用笔划去。

在剩余 6 项中，让你不得不失去其中两项，保留 4 项，你会选择失去哪两项？请从上面的表格中用笔划去。

在剩余 4 项中，让你不得不失去其中一项，仅仅保留 3 项，你会选择失去哪一项？请从上面的表格中用笔划去。

而这剩下来的 3 项，就是你最核心的工作价值观。

你最后的选择是什么？

我们一起来看两个老师的选择。

——张老师最后剩下来的是“安全感”“经济报酬”“成就感”3 项。

——许老师最后剩下来的是“成就感”“经济报酬”“追求新意”3 项。

我问他们一个问题：“班主任工作能够满足现阶段你内心的工作价值追求吗？”

他们都惊讶地发现，其实当下的班主任工作是可以实现自己内心愿望的。只不过他们一直没有深入地去了解自己的内心愿望，没有从工作中找寻契合内心愿望的事物。

张老师说：“班主任工作可以每个月给我班主任费，”他不好意思地笑了，“可以增加我的安全感，我也可以从带班过程中享受到成就感。”

许老师说：“我发现，把班级带好、把学生带好完全可以给我带来成就感的，还有经济报酬，而且我喜欢在班级里带着孩子们创新，也是符合我追求新意的愿望。”

在此之前，我问过他们如何看待班主任工作，他们觉得那就是自己应该做的工作。无疑，他们是有责任心的班主任，但快乐度不够高，幸福感不够足。

李镇西老师告诉我们："班主任的幸福源于何处？享受职业，赢得尊严，学生爱戴，同行敬佩，家庭幸福，衣食无忧，超越自己。"

做班主任确实是个苦差事，但在苦差事里，你一样会收获人生的精彩，甚至是更多的精彩。

2. 做出选择，寻求工作的意义、快乐和优势

职业院校班主任工作确实琐碎，有压力，也有痛苦，但其中也蕴含着深刻的意义和价值。正如赫胥黎所说："没有哪一个聪明人会否定痛苦与忧愁的锻炼价值。"

积极心理学的MPS工具（见表1–2）可以指导你做出重要的决策，即做出一个既能为你寻求到工作意义和价值，又能使你快乐而且能够发挥优势的选择。

表1–2　MPS工具

M（meaning）	意义	我想做什么？
P（pleasure）	快乐	做这件事我快乐吗？
S（strength）	优势	我能做好这件事吗？

下面以我个人的自我分析为例，来解释MPS工具的运用，如图1–1所示。因疫情原因未开学阶段，对我来说有意义的事包括工作、阅读、写作、锻炼、发公众号等，让我快乐的事包括写作、阅读、种花、喝咖啡、发公众号等，自身的优势包括自律性强、工作热情高、写作能力较强等。

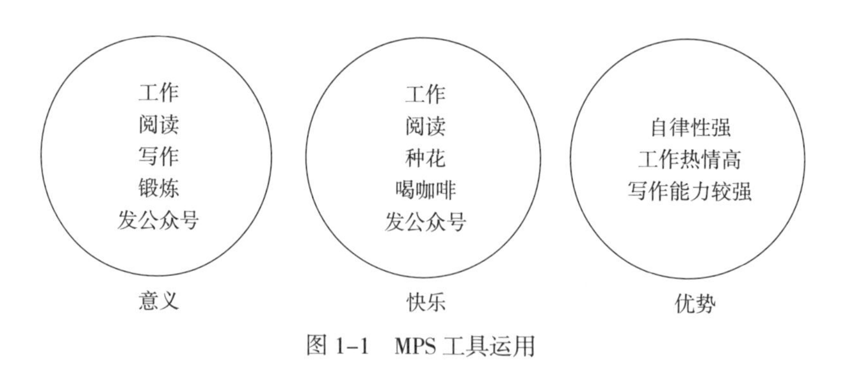

图1–1　MPS工具运用

这三者的交集是什么呢？

从图1–2可知，写作和发公众号可以给我带来快乐和意义，而且我也有一定工作管理的经验和较好的写作能力，如此我可以从目前工作出发来进行写作，并发公众号和大家进行分享。

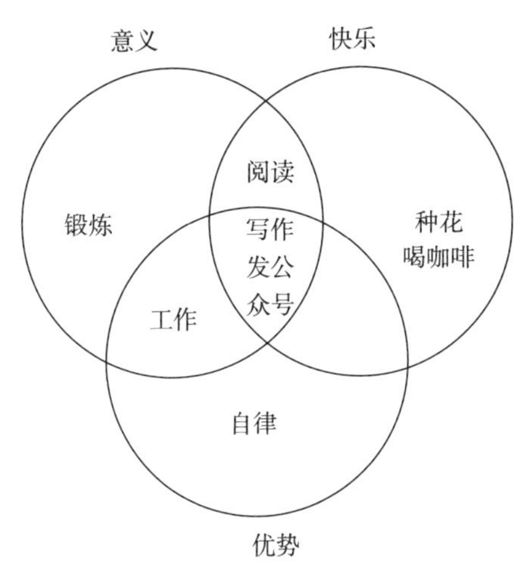

图 1–2 意义、快乐、优势的交集

班主任可以试着用这个工具去寻找工作的幸福和快乐。

MPS 工具可以帮助我们找准人生定位，也可以帮助我们在其他生活领域中做出重要的决策。

MPS 工具还给了我们另一个提示：人们有选择工作的权利，但如果实际情况是选择不多，或者根本没有选择时，我们要明白，职业本身也可以发挥每个人的潜力，并且能够为我们带来意义和快乐。

所以，第 1 天，班主任首先要去努力改变自己对班主任工作的感受，把“苦差事”“应尽的职责任务”变为“甜蜜事业”。

李镇西老师有一次在他工作的学校里对全体教职工说：“对年轻人最好的培养，是让他去做班主任！在学校工作中，没有比做班主任更能锻炼人、培养人的了。班主任工作穷尽了校长管理的全部奥秘。我就是从做班主任直接走上校长岗位的。以前我对做好校长没有信心，魏书生对我说，你能做好班主任，就一定能够做好校长……人们常说，一个好校长就是一所好学校，我要补充一句，一个好班主任，就是一个好校长！”

通过今日精进训练，班主任会从自己的班主任工作中找到使命感，并可以从中获得更多的幸福感。

立德树人是每一位班主任的使命。

班主任对班主任工作的认可接纳比班主任工作的任务完成更为重要。

今日练习

运用 MPS 工具分析自己在班主任工作中的意义、快乐和优势。

1. 提问：什么能带给我意义？什么能带给我快乐？我的优势是什么？注意填写顺序。

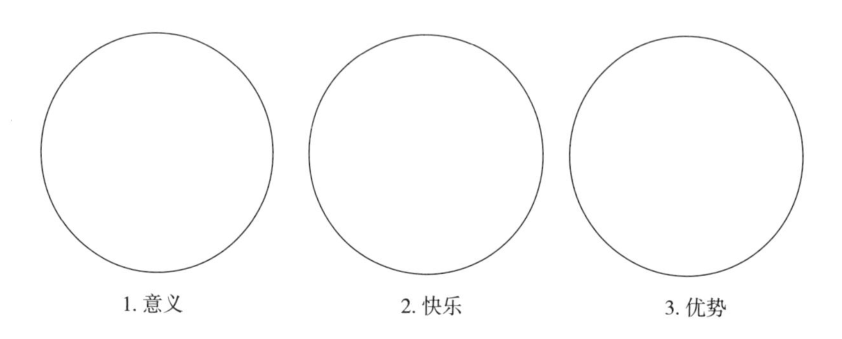

2. 分析：这三者之间交集的是什么？

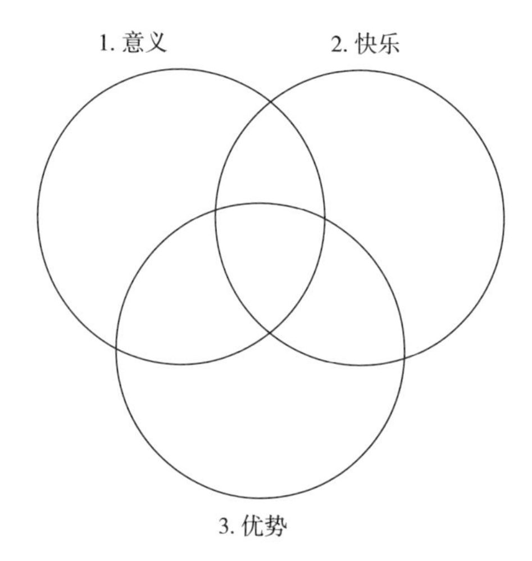

3. 反思：如何为目前的班主任工作赋予更多的意义？你可以做出怎样的改变？

第 2 天

厘清职责：做好班主任工作“一只手”的事儿

今日之案例

工作繁杂琐碎中，我就这样成了一名男保姆

在我指导的某届职业院校班主任网络培训班级里，我提出4个问题：“你做班主任最深刻的体会是什么？”“最困惑的地方在哪里？”“最大的收获是什么？”“你是否愿意继续做职业院校班主任？”

其中，有一位班主任老师是这样回答的。

他最深刻的体会是：“工作繁杂琐碎中，我就这样成了一名男保姆！”

他最困惑的地方是：“请问，真的是每个老师都适合当班主任吗？”

他最大的收获是：“学会了收敛脾气，学会了斗智斗勇，学会了保护自己，因为不会保护自己的老师肩负不起更大的责任！”

对于是否愿意继续承担班主任工作这个问题，他说：“如果从学生的角度考虑，做班主任更容易获得更多学生的尊重和爱戴，想做！如果从领导的角度考虑，班主任工作未必是好事，工作繁杂琐碎是一回事，其实本来可以做到不用那么累的，学生有自己可以成长的地方。如果班主任做成保姆，要事无巨细、事必躬亲，连个扫除劳动领导都要求班主任在劳动现场，还得亲力亲为。不是我不愿意劳动，更不是我不知道以身作则，也未必是和学生全程一起劳动就失了师尊，但有时候真的还有别的工作，有时候真的不需要我亲自过问学生们是可以保质保量完成的。我想做班主任，但不想做保姆！”

这位班主任的回答不是个案。

我做了一次统计，把全班 47 名班主任在回答里描述担任班主任工作感受的词汇全部列举出来，然后统计词汇出现的频率，发现使用频率高的词汇前三名是“忙”“累”“苦”，这个现象值得职业院校的每一位德育管理者和每一位班主任老师来认真思考。

今日导练

案例中，这位男班主任其实很愿意做班主任工作，但他确实也有些怨气，不愿意成为“保姆”。在日常班级管理中，很多班主任都觉得累，因为学校工作千丝万缕，都要从班主任这个小小的“针鼻儿”里穿过去。

《关于加强中等职业学校班主任工作的意见》（教职成〔2010〕14 号）指出：中等职业学校班主任是中职学生管理工作的主要实施者，是中职学生思想道德教育的骨干力量，是中职学生健康成长的引领者。如何给班主任“减负”？不管是学校管理者，还是班主任，都有必要厘清职业院校班主任的工作职责。

第 2 天，我们一起来理理职业院校班主任的工作职责。

今日精进

《关于加强中等职业学校班主任工作的意见》（教职成〔2010〕14 号）中明确指出：中等职业学校班主任岗位是重要的专业性岗位，班主任要在学校统一领导下，按照学校相关规章制度和培养目标要求，与任课教师和其他有关人员一道，认真履行以下主要工作职责：学生思想工作、班级管理工作、组织班级活动、职业指导工作、沟通协调工作。

掐指一数，你会发现班主任工作职责正好 5 件事。要做好职业院校班主任工作，也就是要做好“一只手”的事儿，如图 1-3 所示。

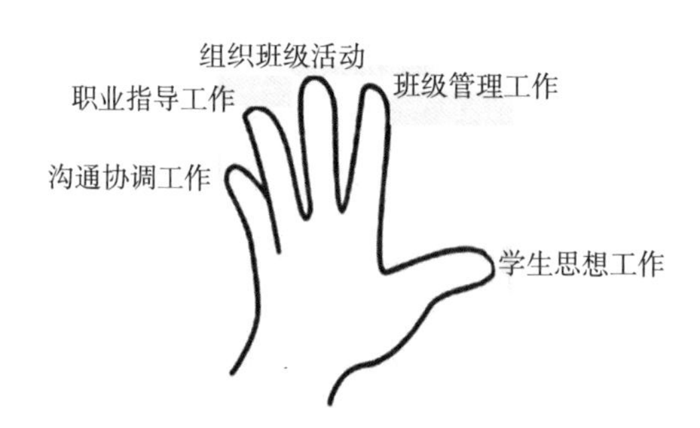

图 1-3　职业院校班主任工作职责“一只手”的事儿

现在，伸出你的一只手，握拳。我们一起来细细厘清这“一只手”的事儿。

1. 伸出你的大拇指，学生思想工作最重要

这件事特别重要。我们常说“浇花要浇根，育人要育心”，学生思想端正了，心理健康了，很多问题就不会发生，即使发生了我们做好学生思想工作，问题解决起来也很顺利。

一位老师在朋友圈里分享了这样一件事：一位学生身有残疾，有一次班级活动要搬课桌，班主任让同学们帮助他，可谁帮他，谁就被他打。班主任来帮他，他却说：“我不稀罕！”此文虽短，却意味深长。这是在提醒我们要去好好地“研究学生”。

教师爱学生是天职，但为何这位班主任的爱不被学生“稀罕”呢？说明教师仅仅付出爱是不够的。研究学生，就要深入了解分析学生的思想、心理、学习、生活状况，就要在了解的基础之上给予学生理解和尊重，只有在这样的状态之下付出我们的爱，才会被学生稀罕。学生只有爱你才会信你，信你才会接受你的教育。这一步，何其重要，切莫忽视。

2. 伸出你的食指，班级管理工作要踏实

这是你的班级，你得对学生成长负责。我曾经看到一个班主任为了他班级里一个学生离班辍学而黯然神伤。不想当元帅的士兵不是好士兵，没有老师说他不愿意成长为一个优秀的班主任。

接手一个班级，在班级管理工作中，班主任需要踏踏实实做好这四件事：班委（团支部）的组建、班级公约的制定、学生考核指标的制订和安全教育。建设一个好的班集体，首先应建设良好的班风学风。抓好常规管理，就好比是踏实过好平常的日子。务实地抓细抓好班级常规管理，其实比什么都重要。

3. 伸出你的中指，组织班级活动要有心

你希望自己的班级充满朝气与活力吗？那就组织班级活动吧。我是组织班级活动的支持者。我总认为活动既快乐又不死板，育人的力量令人惊叹，很多问题都会在一些活动中悄无声息地被解决掉了，很多素养也都是在活动中慢慢养成的。哪怕班主任只是带着学生在端午节吃了一次粽子，在中秋节做了一次月饼，这些班级活动里所展现出的是浓浓的师生情谊，和谐友爱的班级氛围。

切记：组织班级活动与班级常规管理、学生学习活动不是对立冲突的，而是互相结合的。班级活动形式多样，除了课外兴趣小组、社团活动、文体活动、志愿者服务等社会实践活动，还有主题班（团）会活动等。广阔的班级活动可以发挥班主任的教育智慧，跨界组织、多元评价，能给班级带来满满的活力，给学生带来成功的体验。

4. 伸出你的无名指，职业指导工作要提前

职业学校班主任一开始就要明确告诉学生：他们在学校里要学哪些课程？需要考取哪些技能证书？他们的未来就业岗位有哪些？如果想创业可以做些什么准备？如果想升学可以走什么路径？身边有哪些值得学习的榜样？

此外，还有一项很重要的工作班主任也最好去做，指导学生做职业生涯规划书。可能班主任自己也很少给自己做职业生涯规划，但对于职业院校学生，这很重要。而且最好是班主任亲自或者请专业课教师手把手地教学生做职业生涯规划书，每一学期还建议班主任指导学生进行修订。如果学生愿意还可以组织分享交流活动。很多职业院校学生之所以初中学习成绩不太理想，不是因为智力不好，而是因为学习习惯不好、学习目标不明确。如何变“要我学”为“我要学”？未来职业的发展会是学生很感兴趣的事儿，也是学生不得不面对的自我生存问题。一旦找准了学生的“痛点”，学生便会悄悄地发生有意义的改变。

5. 伸出你的小指，沟通协调工作很必要

做了班主任，你会感觉自己像是神吗？无所不能、无所不会？但事实是，班主任是人不是神，并不是所有的工作都能做得得心应手。团队的力量大于个体的力量，所以班主任需要学会寻到助手。

他们在哪里呢？班主任可以从内向外去寻找他们。

首先，班主任要培养班级里的小助手——班干部。例如，我校优秀班主任周老师曾分享了一个带班妙招，全班同学都是班干部。她有一张表格实行班级清单式管理，明确人员分配、工作职责、考核清单，形成了班级里事事有人管、人人有事做的良好班风。

其次，班主任的助手是任课老师。如果每位任课老师能够把课上好，还愿意帮班主任去关心学生的成长，这会为班主任省下很多力气。如果任课老师不是说“去找你的班主任去”，而是说“这个学生今天我和他谈了”，班主任应赶紧表示衷心的感谢。

再次，班主任的助手还有领导和身边的同事等。聪明的班主任是善于扯着虎皮做大旗的，她会不失时机地告诉学生：“某领导（老师）刚才表扬我们班级了，我们班……地方做得好”“我今天去查宿舍，宿管阿姨特别表扬我们班某某同学”学生是需要被认可的。不过班主任所说的事情一定要是真的并且恰到好处，否则收获的效果可能适得其反。

最后，班主任还要善于借助外围的力量，包括企业的、社区的、家庭的等力量。家校合育、校企合育是非常重要的，班主任在其中的沟通交流工作自然是必不可少的。

樊登在《可复制的领导力》中提出：“孵化自己的员工创业，是一个公司扩张最重要的手段之一。”寻找教育的合力，也是班主任提升专业能力的途径之一。放眼四周，自问：目前借助了哪些管理力量？还有什么方法充分调动他们和自己一起管理班级呢？如果感觉有所缺失，那就赶紧从优秀班主任那里多学习几个招数。这样的经验有很多，班主任不必成为“孤胆英雄”。

现在，你的 5 根手指都已经张开了。张开的这只手，就是职业院校班主任工作的全部职责。

复习一遍，请你再跟随我完成最后的动作。

这一次，你要把张开的手指一个一个地依次纳入到掌心之中。

建议你一边做一边自语提醒。

第 1 步，信我才会跟我走，完成学生思想工作。纳入大拇指。

第 2 步，我的班级我负责，完成班级管理工作。纳入食指。

第 3 步，班级活力靠活动，完成组织班级活动工作。纳入中指。

第 4 步，学生未来我指导，完成职业生涯指导工作。纳入无名指。

第 5 步，大家一起来管理，完成沟通协调工作。纳入小指。

现在，你的这只手又握成了拳。拳心之中尽职责，伸收之间皆智慧。

这下，你知道自己要做什么了吗？

如果还不明确，看看职业院校班主任工作职责表（见表 1–3）。

表 1–3 职业院校班主任工作职责表

工作职责	具体工作
学生思想工作	1. 加强思想政治教育，培养合格接班人 2. 引导学生认识自我，增强自尊自信 3. 规范学生日常行为，培养良好习惯 4. 加强学生法纪教育，提高自律意识 5. 引导学生网络行为，学会文明用网
班级管理工作	1. 建好班团学生组织，激发班级活力 2. 民主建立班级公约，建设和谐班级 3. 注重学生安全教育，关爱生命健康 4. 多元综合评价学生，促进全面成才

（续）

工作职责	具体工作
组织班级活动	1. 注重培养学生干部，提升自主能力 2. 组织开展主题班会，抓好班风建设 3. 创新多种班级活动，突显实践育人
职业指导工作	1. 指导学生职业规划，弘扬工匠精神 2. 注重就业创业教育，服务学生发展
沟通协调工作	1. 落实家校协同育人，形成育人合力 2. 主动协调任课教师，强化全员育人 3. 切实加强校企合作，做好实习管理

今日练习

小霞，女，来自农村，平时不爱说话，性格比较怪异，在班上是那种很不合群的学生，几乎没有同学愿意和她来往交流。她对其他人和外界的事物漠不关心，对老师和同学的主动关心反应冷漠，对同学给予她的帮助拒绝接受。近来，小霞在宿舍里因为卫生习惯、生活习惯不太好，引发矛盾，造成与舍友关系紧张。舍友纷纷找宿管老师、班主任投诉，要求把她调离该宿舍。小霞自己很苦恼，变得更加沉默寡言了。

请问：这个案例反映的是职业院校班主任工作职责中哪个方面的内容？

第 3 天

寻找策略：以终为始、三脑合一，走向班主任专业成长

今日案例

一束光的力量

2020 年 1 月 14 日晚上，我和杭州市首届名班主任陈明梅老师在杭州西湖畔见了一次面。那天，我们在西湖边的酒店大堂里坐了下来，喝着茶，聊着对从事班主任工作的感受（见图 1–4）。

图 1–4　采访陈明梅老师

我请她说说对以下3个问题的看法：

1. 作为班主任，我存在的意义是什么？

2. 作为班主任，我将把学生带到哪里？我期待自己能够成长为什么样的班主任？

3. 作为班主任，我的教育主张是什么？

陈老师虽然和我说了很多班主任的工作趣事与苦恼，但她不肯立即回答我这3个问题。她说怕语无伦次词不达意，必须回去仔细思考后再书面来答复我。

陈明梅老师就是这么一位做事极其认真细致的老师。

我很喜欢陈明梅老师，喜欢她穿旗袍的优雅，喜欢她爽朗的笑声，喜欢她的真实自然，喜欢她的文青气息。我和她属于一“网”情深，在一个德育群里陈老师主动“艾特”了我，从此我们便成为无话不谈的挚友。

那夜，陈老师和我说起了她的一个愿望，她希望在2020年能够写出第二本书，作为送给自己30年教师生涯的一份特殊的礼物。我拍手赞同。优秀的人总是非常认真，她把因为疫情防控而被迫宅居的日子，变成了一段安安静静地回顾自己书香班级建设的美好时光。

很有幸，我隔空见证了她写作的全过程。每天她会坚持写作，写一段时间又会发给我看她的写作框架图。我感谢她的信任和分享。

阅读陈明梅老师的书稿是一件幸福的事。

2020年8月9日，我在出差途中一口气把她发来的书稿通篇读完，不禁为之赞叹。正如她所说：与她的第一本专著相比，这一本专著更多地侧重于总结归纳建设书香班级的方法，并从物质文化、制度文化、行为文化、精神文化等维度一一加以阐述，学理性和操作性更强。我相信在陈老师的写作过程中，她自身也获得了非常多的专业成长，并从经验型班主任开始走向研究型班主任，我认为对她而言这份礼物的意义更多在于此。与第一本专著相同的是，她的第二本专著字里行间散发的仍是满满的书香气息，她把阅读、音乐、戏剧作为她建设书香班级的三张名片，每一张名片背后都渗透着她的文化育人、民主管理等教育理念。

我一直坚持着“生活有痕，教育无痕”的教育主张，之所以能够和陈明梅老师相见恨晚，很大程度也是因为我们属于同道中人，她的书香班级建设恰好是我追求的教育境界。从陈老师身上，我们可以看到，有智慧的班主任会为学生精心设计出适合的教育路径，擅长在潜移默化之中把真善美传递给每一位学生。

西湖边的那夜，我对陈明梅老师说：“我感觉你就像一束光，非常有力量。”我认为，作为学生成长重要的引路人，班主任应该像一束光，去点亮每一位学生内心中期待的成长之路。

后来，就我那天提出的 3 个问题，陈明梅老师书面发给我的答案如下：

1. 我能够陪伴学生愉快走过他（她）人生中最美丽的一段青春历程。并且在朝夕相处中，能给予学生人格的力量。这种力量像一束光，很多年以后，仍然能够照亮前行的路。

2. 我努力帮助学生成长为他（她）自己喜欢的样子。我期待自己做一个兴趣爱好、个性特质和我的职业完美统一的班主任，做一个热爱阅读，和学生一起阅读，并且把阅读变成思考，思考促进行动，受学生喜欢的班主任。

3. 教育即阅读。学生的阅读历史就是其精神成长的历史。阅读导行塑形，书能滋养学生的品性。

我提出这 3 个问题的目的是引导班主任们去思考作为班主任的“使命何在”“愿景何在”“价值观何在”，陈明梅老师给了我一份非常优秀的答案，而这些答案在她的书稿中也处处可见。这些思想就像一束光，会照亮学生前行的路，更会照亮一线职业院校班主任的专业成长之路。感谢陈明梅老师给予我们的力量，向陈明梅老师 30 年教师生涯表示最深、最真的敬意。

今日导练

案例中，陈老师是我很佩服的一位职业院校班主任老师。从与她的交谈中感受到，她的成长总是离不开学生的成长，她的幸福总是离不开学生的幸福。优秀的班主任身上总有一个特点，就是他们清晰地知道自己想成为什么样的人，而这样的认知又会随着他们的成长不断进行适度修整、向上延展。

第 3 天，你需要找到班主任专业成长的正确方向。

今日精进

职业院校班主任专业成长需要有明确的指引，并能够规划好适合自己专业成长的路径，然后坚定有力地行动，一步一步地向着成长目标前进。

1. 以终为始，明确专业成长的目标

你想成为什么样的人，你就会成为什么样的人。

美国著名管理学大师史蒂芬·柯维在《高效能人士的七个习惯》一书中提到的第 2 个习惯是“以终为始——自我领导的原则”。他提出：“从现在开始，以你的人生目标作为衡量一切的标准，牢记自己的目标及使命，就能确信日常的所作所为是否与之南辕北辙，而且每天都向着这个目标努力，不敢懈怠。”

如何“以终为始”？你需要静心思考三个问题：

一是思考使命：作为班主任，我存在的意义是什么？

二是思考愿景：作为班主任，我将把学生带到哪里？我期待自己能够成长为什么样的班主任？

三是思考价值观：作为班主任，我的教育主张是什么？

班主任专业成长的目标会带有特有的个人特征。

例如，同样的三个问题，陈明梅老师的答案与另一位优秀班主任的答案并不一样。

（1）陈明梅老师的答案

1）思考使命：能够陪伴学生愉快走过他（她）人生中最美丽的一段青春历程。并且在朝夕相处中，能给予学生人格的力量。这种力量像一束光，很多年以后，仍然能够照亮前行的路。

2）思考愿景：我努力帮助学生成长为自己喜欢的样子。我期待自己做一个兴趣爱好、个性特质和我的职业完美统一的班主任，做一个热爱阅读，和学生一起阅读，并且把阅读变成思考，思考促进行动，受学生喜欢的班主任。

3）思考价值观：教育即阅读。学生的阅读历史就是其精神成长的历史。阅读导行塑形，书能滋养学生的品性。

（2）另一位优秀班主任的答案

1）思考使命：班主任作为学生成长过程中的重要引路人，担负着立德树人的使命。蔡元培说：“教育是帮被教育的人，给他能发展自己的能力，完成他的人格，于人类文化上能尽一分子的责任。”将立德树人生动积极地实践好，为学生，也为社会，这是我存在的意义。

2）思考愿景：教育从来不是千篇一律，而应是差异化的个别教育，即使是集体教育也同样要进行有针对性的教育，我希望能在立德树人的使命推动下，让每个学生感悟生命的意义，寻找自身存在的价值，遇见更好的自己。而我也是学生成长的同行者，在班主任专业化道路上既能用育人的技术技巧帮助学生，也能用温暖的教育智慧温暖学生。

3）思考价值观：教师对学生要尊重和赏识，而在学生心中，应对教师多一份尊敬和崇拜，而这份尊敬和崇拜来自教师艺术化引领学生心灵成长的本领，来自教师永不放弃任何一位学生的道德良知。

对使命的思考，在于引导班主任去发现自身工作存在的意义，建议从学生、学校、家长、自身四个方面来思考。比如学生因为有班主任的存在，才能够快速适应学校，才能够在一个有序的环境里有序成长；学校因为有班主任的存在，才能使得学校的教育基本单元班级得以正常运行，学校的各项工作在班级层面能够有序协调地推进；家长因为有班主任的存在，才能实现和学校之间的有效沟通，继而使得家校合作变得可操作；对班主任自身而言，班主任能够帮助一个群体成长，这就是其人生的核心价值。

对愿景的思考，在于引导班主任去发现师生共同成长的愿景，建议可将自身的成长融于班集体的建设和服务学生成长之中，成为受学生喜爱与尊重的班主任、专家型的班主任、能够从班主任工作中感受到幸福与成就感的班主任。

对价值观的思考，在于引导班主任在明确自己的核心价值观基础之上，进一步探索提炼出自己的教育主张。比如，我的教育主张是“生活有痕，教育无痕”，我就会推崇柔性化管理、文化育人等。

2. 三脑合一，获得专业成长的力量

如何可以获得向目标前进的巨大能量和持续的行动力？

美国神经学家保罗·麦克莱恩提出了“三位一体的大脑假说”，即把人的大脑看成是由认知脑、情感脑、行为脑三个组织结构不同却又密切关联的“大脑”控制着。

只有这三个大脑同时发挥作用，才可以达到知、情、行合一的境界，我们才能按照目标愿景行动。

（1）认知脑的愿景细化

以陈明梅老师的愿景为例，可以将之细化为年度计划、日常动作等。

——长期愿景

我努力帮助学生成长为自己喜欢的样子。我期待自己做一个兴趣爱好、个性特质和我的职业完美统一的班主任。

——年度计划

写书出版，给 30 年教龄一份礼物；进行一项省级课题研究……

——细化日常动作

每天至少写 1500~2000 字，记录班级日常管理故事，积累写作素材……

（2）情感脑的情感加持

有时候我们会突然情绪低落、烦躁不安，做什么事情都觉得不顺心。这时我们最需要的是学会调整心态，接纳自己，给自己加油鼓劲。

——正确归因

我今天在写作过程中心情不好，思路走进了死胡同，我突然不想继续这个任务了。但这不是正确的解决方法。如果从发展的角度看，我要认识到难以继续下去的原因是因为自己理解认知不足，努力不够。

——正确消费意志力

意志力是会被用光的，一旦用光就要让自己歇一歇。例如，我感觉到抓狂到快要暴走的时候，就不再继续原来的工作任务了。于是，我全身心地去逐项完成其他工作，这样原先丧失的意志力又恢复了。

——正确反馈

在反馈方面，我会把花很多精力写的稿子发给朋友看，请教她（他）的看法，找专家咨询，找工作室里的同事请教，并请他们及时给我反馈和支持。同时，我也会选择自己喜爱的随笔方式继续进行行文思考。这种反馈机制让我在外在反馈的鼓励下坚持行动下去。

（3）行动脑的躬身入局

行动力是实现目标的必由之路。

——公开主张

班主任要把自己想做的、想坚持的直接告诉全班学生，比如想建书香班集体，就要反反复复地告诉学生、家长、同事等，努力营造出有利于自己坚持价值观的环境。

——行动创造

所有事物都会经过两次的创造——先在脑海里酝酿，其次才是实质性的创造。班主任在做好愿景细化、情感加特的同时，一定要撸起袖子加油干，根据自己的愿景和目标塑造自己的未来，全身心地把行动投注于实现自己最重视的价值观之上。

——记录数据

微信朋友圈、QQ、班级主页、公众号、班主任工作手册、班级日志等都是班主任可以记录行动数据的地方。班主任可以通过这样的方式，切实地观察到自己每天做了什么，花了多少时间，效果如何，并通过自己有意识地反思练习，去不断强化做这件事的意义。

今日练习

写下你对班主任工作使命、愿景、价值观三个问题的答案。

第 4 天

提升能力：让班主任工作从“未知”走向“公开”

今日案例

我眼里的浪漫分你一半

2020 年一场突如其来的疫情，打乱了我们所有正常的教育生活节奏。即使学生返校复课，仍需要在学校里进行封闭管理。可想而知，身处一线的班主任面临着多大的压力。很多班主任老师告诉我，他们承担着无法言表的身心压力，而我也一样。

我应邀去参加我校传媒艺术学院组织的“我眼里的浪漫分你一半”学生活动颁奖会，这样的主题有些与众不同，不是感恩、不是环保、不是努力，只是浪漫？我怀着好奇的心情去了现场。

到了现场我更加好奇，颁奖台上，礼仪同学端上来的是一个个玻璃罐。玻璃罐里面有粉红的、淡绿的、淡蓝的、鹅黄的长条和星星，如图 1–5 所示。

我看到过别人颁发奖杯奖章的，却没看到过用这样的奖罐。

坐在我身边的传媒艺术学院江院长看我好奇得很，说这是投票罐，她们学院举办了海报、摄影等大赛，在食堂里依次展示作品，每幅作品前有一个玻璃罐，给评委投票用。玻璃罐里放着的选票形态各异。长条是学生评委投的，星星是教师评委投的。不同形状不同的积分，积分最高者胜出。

江院长说，参赛的学生问老师能否最后把这个玻璃罐给他们做奖品？他们只想要这个奖品，而且他们只要自己作品的那个投票罐。

我忍不住为这样的活动创意鼓掌称赞。

设计此次活动的是一位年轻的张老师。她在颁奖致辞的时候说："小时候我在想 2020 年的时候，哆啦 A 梦的话要实现了，汽车可以飞上天。而真的 2020 年到来了，疫情防控使我们都宅在了家里。"只有这样年轻的老师才能想起这样的颁奖词，才会想出用"我眼里的浪漫分你一半"为主题来开展这样浪漫的学生活动。

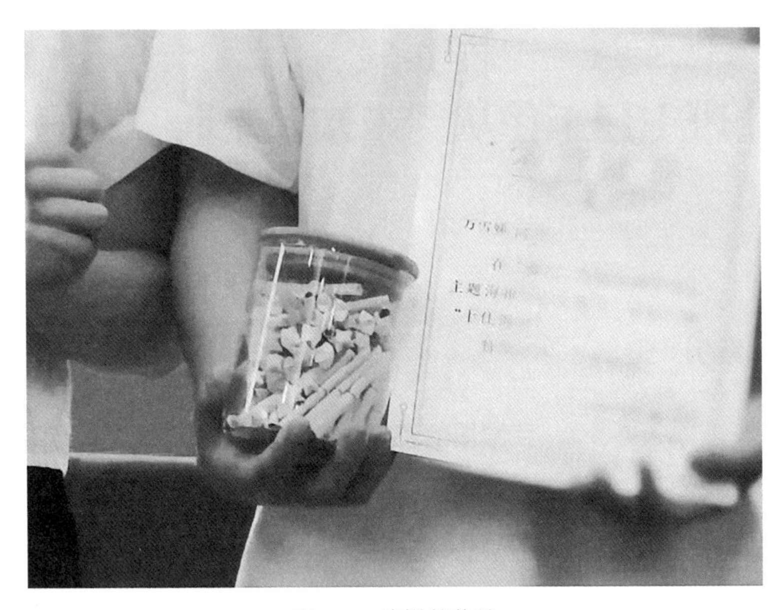

图 1-5　浪漫的奖品

今日导练

作为职业院校班主任，你是否在工作过程中因为遇到了一些突发事件或者无法解决的问题而焦虑、烦躁？我很欣赏案例中小张老师面对困境时的奇思妙想，以及由此而散发出来的浪漫。

班主任的烦躁、焦虑往往来自于对工作解决的无力感。确实，职业院校班主任的工作能力需要不断地在解决问题中训练，在突破困境时提升。做好班主任工作需要情怀和梦想，但不只是情怀和梦想，还需要能力。拥有良好的班主任工作能力，更能帮助班主任厘清工作的使命、愿景和价值观。

但问题是，有时候我们竟然不知道自己本来就是个有能力的班主任，或者是个有成为优秀班主任潜力的人。

第 4 天，我们一起来打开一扇窗，看看如何在解决问题中发现并提升自己的专业能力。

今日精进

班主任工作的专业性要求班主任能成为支持和引领学生成长的重要他人。当然，最重要的是班主任要能影响学生，次要的是班主任要能影响家长以及其他与学生成长相关的所有人。但不要就此害怕班主任工作，倘使因此而有了一点儿焦虑感，那也说明你是一位富有责任心，且想认真做好工作的班主任老师。

今天我们一起来打开一扇窗——乔哈里视窗。

乔哈里视窗（Johari Window）被称为“自我意识的发现—反馈模型”，通常称之为沟通视窗。这个理论最初由乔瑟夫（Joseph）和哈里（Harry）在 20 世纪 50 年代提出的。

乔哈里视窗理论把人工作、生活的事情分成四个区域：公开区、隐藏区、盲目区和未知区。根据自己和他人对自己的了解程度构成了一个视窗，如图 1–6 所示。

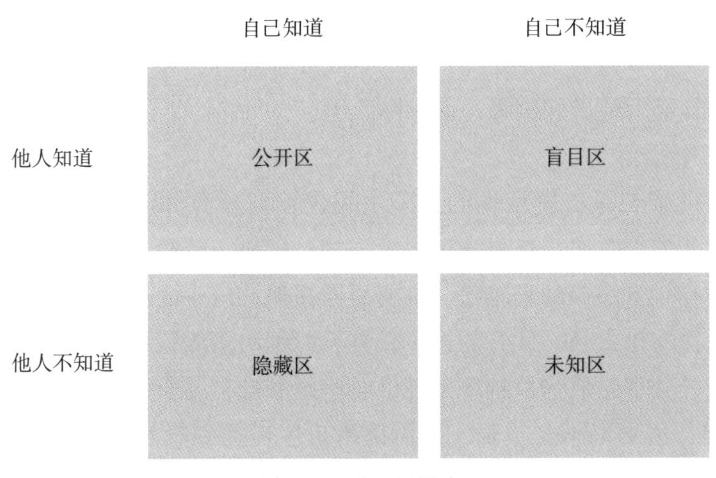

图 1–6　乔哈里视窗

乔哈里视窗可以简单地理解为自己是否能回答“我是谁”的问题；他人是否能回答“你是谁”的问题。比如，你觉得你是否是个合格班主任，那别人认为你是个合格班主任吗？你觉得你是否是个优秀班主任，那别人认为你是个优秀班主任吗？

今天我们就一起来打开这扇窗，依次对四个区域进行精进训练。

1. 打开公开区（自己知道，他人也知道）

公开区是个公开象限。《可复制的领导力》中，提到“公开象限的一大好处，是其社会影响力大。”不过这个影响力最好是好的影响力。

（1）主动公开

班主任和学生的成长绝大部分时间是发生在大家共同拥有的班级里，所以要向学生开放班主任最重要的公开区。比如作为新班主任，你开学和新生公开说明你在班主任工作上是个菜鸟，希望和他们一起成长。学生就会理解，但也会看着你是否在努力成长。而经验丰富的班主任则会公开他（她）的班级建设理念、班级管理方法等，如经验丰富的徐老师在班级公开提出将“打造不一样的 71501”作为班级精神，接下来师生的行动都会努力向着这个共同目标前进。

（2）扩大公开

班主任的公开区还要向同事、领导、家长等开放。比如班级在广播操比赛中获奖、班级的常规管理获得了流动红旗、班级的学生在某个比赛中崭露头角……班主任公开的应该是积极向上的，如果班主任向班级、学生经常公开的是班级管理混乱、打架斗殴等不好的方面，那就要注意了。扩大公开有利于集体荣誉感的培养。也有班主任老师认为不做出头鸟，只需要把班级管理得平平安安就行了，这其实不对。公开区看似是班主任的，其实是班级的，更是学生的。因此，班主任必须努力，努力地带好班级，引导好学生。

（3）提升层次

班主任的成长是有阶段性的。班主任成长可分为合格班主任、优秀班主任和卓越班主任三个阶段。新班主任要学习的是把班级管理得规范，做一个合格的班主任。拥有一定经验的班主任，则要思考在得心应手之中如何形成自己的带班特色，成为优秀班主任。优秀的班主任则要归纳出班级管理的规律，进行学习研究，乐于公开分享，成为卓越班主任。合格是基础，新班主任达到合格班主任的要求并不难，过程也不会很长。但由优秀班主任达到卓越班主任难度却大了许多。很多优秀班主任为何会止步不前？因为优秀班主任公开内容总是“年年岁岁花相似”的带班经验，离卓越班主任、首席班主任、名班主任总还有“最后一公里”。

2. 转变隐藏区（自己知道，他人不知道）

只要班主任愿意，隐藏区比较容易向公开区转变。

（1）自我揭示

隐藏区转为公开区的最好方法就是主动向他人袒露自己的教育故事、教育理念、教育方法，让他人多多了解自己。关键在于班主任是否乐意交流分享。我发现每次年终班主任工作座谈会上，班主任们会带来好多做好班级管理、服务学生成长的金点子。后来，我便策划了班主任教育故事比赛，很多年轻优秀的班主任脱颖而出，甚至超过了那些停滞不前的老班主任。而我作为学校管理者也在活动场合认识了很多班主任，知道了他们各自的带班特色和个人特长。在自媒体时代，自我揭示的途径更多也更快捷，班主任也可以尝试。

（2）走出诅咒

这个很有必要进行提醒。很多管理书籍中都提到了“知识的诅咒”，就是你认为别人知道的事，而其实他们并不知道。尤其是对于学生，班主任要尽可能信息共享随时激励，更要走近学生，理解学生，尊重学生。比如，班主任确定了某个班级精神，就要经常和学生一起重复。又如，班主任看到了学生的进步、班级建设的和谐有序，就要告诉学生自己知道了他们的努力，要明明白白地、点点滴滴地告诉学生，把班主任的爱传递过去。否则学生会认为班主任不知道他们的努力。

3. 转化盲目区（他人知道，自己不知道）

盲目区是个黑暗地带，班主任不知道自己的不足就会盲目自大，不知道自己的长处又会自卑退缩。

我曾在文章《你是否知道自己不知道？》中，提到心理学效应名词“邓宁—克鲁格效应（Dunning-Kruger Effect）”。在美国，曾有个男子单枪匹马抢了两家银行。银行里的人也很配合他，要钱就给他了。这个男子厉害在哪里呢？他没有像电影里设计的那样戴个头套去抢钱，竟然没有任何伪装，甚至还对着监控摄像头笑笑。当天晚上警察就抓住了他，并且出示了视频证据。男子一脸茫然说：“不可能啊，我已经在脸上抹了柠檬汁了！”原来他听说柠檬汁可以做隐形墨水，自认为把柠檬汁抹在脸上自然也就隐形了。柠檬汁能够使字迹隐形是真的。假如用柠檬汁在白纸上写字，干了以后就真的看不见了，然后用电吹风一吹，字迹才能显现出来，这是因为柠檬的酸性腐蚀了纸张。但是，柠檬汁并不能让人也隐形。

这位男子的愚蠢行为引起了美国康奈尔大学的心理学家戴维·邓宁的兴趣，于是他和他的研究生贾斯汀·克鲁格进行了一项研究——人的两个能力之间的关系。一个是个人在某个领域的技能水平，一个是个人对这个技能的自我评估能力——也就是个人对自己的技能水平认知跟别人相比，有没有一个准确的判断。

他们发现：越是一知半解的人，越是自信；那些能力差的人，自我评估能力也差。这就是“邓宁—克鲁格效应”。

如何把盲目区向公开区转化，最好的方法是恳求反馈，让他人来帮助评估自己。

（1）主动恳求

班主任要经常问询身边的人，“这件事做得怎样？”“好在哪里？”“不好在哪里？”“能给我什么建议？”但是也应知道忠言逆耳。有时候某些事做得非常开心，突然一盆冷水，会给人很多打击。如果你是年轻班主任，寻找合适的咨询对象很重要；如果你是资深班主任，我必须请求你在指导年轻班主任的时候，先肯定，再提出建议。当然，班主任还可以找学生来评价自己的工作，不妨看看学生眼中的自己，一定会有意想不到的收获。

（2）精准反馈

反馈有三个等级，分别是零级反馈、一级反馈、二级反馈。零级反馈是你去恳求反馈的时候别人没有提供任何信息；一级反馈是你得到了别人对你的综合评价，如“好”“还不错”等；二级反馈是你得到了一级反馈之后，还能知道“好在哪里”“哪里需要改进”。很显然，只有多做二级反馈，我们才能够不断地把盲目区变成公开区。所以，找个靠谱的师傅真的很重要。

4. 挑战未知区（自己不知道，他人也不知道）

未知区是我们的潜能象限。

《礼记·学记》有文：“虽有嘉肴，弗食，不知其旨也。虽有至道，弗学，不知其善也。是故学然后知不足，教然后知困。”意思是即使有美味可口的肉食，如果不吃不会知道它的味道甘美；即使有最好的道理，不去学习也不会了解它的好处。所以，通过学习才能知道自己的不足，通过教导别人才能知道自己理解不了的地方。

潜能常常在面对挑战时被激发出来。这次疫情期间，一位专家问我：“我们只是宅着就能做贡献吗？如果我们没有当下的存在，那我们可能错过的不止一个亿。”我猛地被震撼了一下。这时候班主任除了统计数据之外，还能做些什么呢？

我看到了一位班主任老师巧用“云班”开展工作的分享。

云班的组成：班主任、学生、家长、任课教师。

云班的功能：

——疫情信息（官方媒体、本地发布、学校 APP……）

——通用学习（学习通平台、职教在线……）

——专业学习（在线开放课程、某大学 APP……）

——休闲娱乐（专业影片推荐、优秀纪录片推荐、健身 APP……）

——互动交流（微信学生群、微信家长群、QQ 学生群）

这位班主任老师说：“在这场疫情大战中，教师是班级的管理者也是亲身抗疫者，如何关注社会舆情做出理性判断、如何为学生树立居家乐活的榜样、如何熟练地运用互联网技术是自身需要继续努力和实践的方向。”

这位优秀的年轻班主任在面对未知区时，不是埋怨，而是去精心策划互联网上的班级建设工作，这样的未知区使他的潜能被激发出来，连带着学生的潜能也被激发了出来。这个云班真的如同蓝天里的白云一样美丽得令人惊叹！

由此可见，我们在工作中遇到的问题，就是学习的课题；我们遇到的困难，就是成长的空间。在工作中我们可以开展拓展性研究，进行“挖渠”；也可以就某一个点深入下去，进行“打井”。你会看到，不管是“挖”，还是“打”，首先要知道自己的“渠”够不够宽、“井”够不够深。

今天我们一起打开了乔哈里视窗，努力从“未知”走向“公开”，踏踏实实地在工作中一步一步地提升、成长。

打开了这扇窗，就进入了你和学生一起成长的世界。

今日练习

请分享：在抗击新冠肺炎这场战“疫”中，你遇到了哪些难题？又是如何处理的？

第 5 天

遵循规律：慢一点，少一点，做个走心的班主任

今日案例

你在我的眼中是怎样的

有一次，我给学校的班主任老师策划了一个活动，请班主任来描述他们眼中的学生。

小张老师眼中的学生："我踏上工作岗位的第一年，学校就安排我做班主任，我当时既激动又害怕。尽管他们已经是高中生了，可是他们的学习和生活习惯都不是很好，一会儿不打扫宿舍卫生了，一会儿任课老师又向我抱怨了。我耐着性子教育他们，但是似乎没有丝毫的改观，我的耐心在不断消磨殆尽。其中最让我头疼的要数孙某。其实一开始我就不喜欢他，因为他的头发永远都是乱糟糟的，满脸的痘痘全让他抓破了，脸上一直冒着血。上课时他的头总是低着，永远不知道他在做什么。只要批评他，他就一副我没干别冤枉我的姿态，甚至还和我顶嘴！于是我决定和他抗战到底。上课让他坐最后面，下课让他去办公室，一天在校时间除了上厕所他都在我的视线范围之内，有时候他烦了，就朝着我发脾气。面对他，我一时也没有什么好办法。"

已有丰富工作经验的老张老师又是如何去描述他的学生的？

老张老师眼中的学生："王某是一位来自单亲家庭的孩子。在刚入学不久，他就表现出较为颓废的精神面貌，学习态度不端正、自由散漫，住宿内务不整。我多次对他批评教育，并找他谈心，然而收效甚微。一切开始都来自一件小事。有一天班级教室调整，王某参与了课桌椅搬运，事后我在班级进行了点名表扬，我特别注意到他的表情，脸上有一丝微笑。这让我意识到，肯定和赞美是可以提高他的积极性的。王某有时还主动关心宿舍中生病的舍友，这些我都及时予以表扬。小小的肯定就像一针强心剂，王某的精神面貌开始朝着积极的一面变化，学习态度逐渐端正，人也变得勤快，各种集体活动中都能出现王某的身影，俨然成为班级的积极分子。”

有没有发现？小张老师班主任工作做得很累，却收效甚微，而老张老师却在学生点滴进步中获得了做班主任的快乐。

今日导练

案例中，对待同样的问题，小张老师的班主任工作开展得很累，而老张老师却以此为契机，教育学生的同时，获得了做班主任的快乐。如果把王同学放在小张老师班级里，估计王同学的待遇不会比孙同学好多少。虽然我们都会认可小张老师在班主任工作上的认真付出，但他的教育方法显然不能起到支持和促进学生成长的教育目的。

第 5 天，我们一起来找寻班主任工作的规律，并从中把握合适的工作节奏，学习做个走心的班主任。

今日精进

规律指事物之间的内在的必然联系，它决定着事物发展的必然趋向。职业院校班主任要遵循三大规律要求：职业院校学校教育规律、职业院校德育工作规律、职业院校学生成长规律。

符合教育规律，班主任工作可以得心应手、其乐融融；相反，违背了教育规律，班主任工作可能会苦不堪言、捉襟见肘。

不管你承认不承认，规律总是客观存在着并起着必然的作用。班主任必须要养成按规律开展教育的专业素养。

1. 目中有优势，真正理解符合学生年龄阶段的身心特征

大脑研究的成果发现，“青少年其实是有缺陷的成年人”。

职业院校学生的年龄阶段一般处于 17~19 周岁，正处于未成年人向成年人过渡阶段。林崇德在《品德发展心理学》中指出青春期的学生具有以下心理特点：

心理逐步地带有“闭锁性”，即他们的内心世界逐步复杂，开始不大轻易将内心活动表露出来。据调查，约有 60% 以上的青春期孩子在烦恼时不向父母和教师倾诉。

心理具有更大的社会性，即他们初步进入社会，心理生活逐步表现出社会和政治环境的色彩，并逐步地与其未来的理想、职业和社会地位等联系起来。

整个心理结构充满过渡性，即处于一个从儿童期（幼稚期）向青年期（成熟期）过渡的时期。这种过渡状态反映出两种不同特点：前一阶段是一个半幼稚、半成熟的时期，是独立性和依赖性、自觉性和幼稚性错综复杂、充满矛盾的时期；后一阶段是一个逐步趋于成熟的时期，是独立地走向生活的准备阶段。

一些神经科学学家认为，青春期孩子的大脑会重新呈现出一种学龄前孩子才具备的神经灵活性和可塑性。因此，处于这个阶段的孩子，无论是智力上还是情感上，他们的可塑性、多样性和混乱程度都有了惊人的恢复。换句话说，两岁多的孩子会把你逼疯，十几岁的孩子也会一样把你逼疯，而且会更甚。

于是，班主任要理解青春期学生的困扰："他到底在想些什么啊？""他怎么会去打架呢？""从前还挺乖的孩子怎么变成这样了？"林崇德同样也指出："青少年道德行为习惯的培养，要比小学阶段复杂，不仅需要重复和练习，而且还要改掉坏习惯。"

神经科学家对于青春期提出的理论被称作"双系统"理论。这套理论最核心的观点是有两种不同的神经和心理系统相互作用，最终把孩子转变成成年人。第一套是动机系统，它让青春期的孩子渴望达成每一个目标、实现每一个愿望、体验每一种感觉。青少年大脑中的奖赏中枢比小孩子和成年人认为的要活跃得多。青少年最需要的是社会性奖励，尤其是同龄人的尊敬。第二套是控制系统，这是一种抑制冲动和指导决策的系统，它鼓励长期规划和延迟满足。这套系统更仰仗于学习，有成人专家的监督青少年会减少一些失败。

现在，你能理解为什么老张老师能够成功转变王同学了吗？因为他采取了激励、肯定的积极教育方法，激发动机与控制引导两套系统交替使用，哪怕王同学身上的一个极其细小的优势也会被老张老师发掘出来。

两位班主任采取的不同对策见表 1–4。

表 1–4　班主任采取的不同对策

	最初对"问题学生"的感受	采取的对策	获得的结果
小张老师	既激动又害怕 头疼	耐着性子教育 抗战到底	对孙同学一时也没有什么好办法
老张老师	收效甚微 微笑 积极	多次谈心 点名表扬 及时表扬	王同学俨然成为班级的积极分子

我们常说要目中有人，不只是说我们要看到学生，也不是说故意看不到他的缺点，而是要分三步走：

1）看到学生，提醒自己他们是自己的学生。

2）看到学生的缺点，提醒自己他们是青春期的职业院校学生。

3）看到学生的优势，提醒自己必须尽可能地努力地看出学生的“好”来。

第一步建立“自己人”关系，第二步理解职业院校学生的躁动不安，第三步顺应职业院校学生追求社会性奖励、渴望获得同龄人尊敬的心理。此三步，因势利导、因人而异、因事而化。

2. 心中有等待，把握好适合的班主任工作节奏

职业教育的生源决定了职业院校班主任培养的学生还有着一些自身的特殊性。比如，学习基础比较薄弱、学习态度不够端正、行为习惯比较散漫等。所以，职业院校学生的成长需要班主任多一份宽容理解的爱心，需要班主任多一份等待成长的耐心。

我在微博上读到河南郑州李迪老师的一篇《“问题学生”陪伴我成长》的文章，李老师说：“我催她们，我逼她们，我唬她们……学生受了伤害，逆反起来，开始和我冷战。”仔细品读会觉得文中有很多我们职业院校班主任日常的影子。当然，我并不赞同给职业院校学生贴上“问题学生”的标签，这样预定的学生人设不利于班主任更好地走近学生。我发现李迪老师也是给“问题学生”加上了引号，自我揣测她也应该是不赞同这样的标签的。

如何把握好适合的节奏？送你八个字——慢就是快，少就是多。

（1）慢就是快

初出茅庐的新教师面对职业院校班级管理工作内心总会有些忐忑不安和焦虑，遇到那么多的“蜗牛”怎么办？如果总希望能够快刀斩乱麻、三下五除二地快速解决问题，加速前进，最后崩溃的往往是自己。有一位职业院校班主任看到学生犯了大错误，实在控制不住情绪，和学生大吵了一架。她急切地来问我：“您说我该怎么办？”

其实我也是急性子，下面分享我的一个学习记录。

今天学习一个咨询工具时，导师规定好一定时间，让学员分别扮演咨询师和来访者进行实战练习。刚开始练习时，我们常常还没听到规定时间到达的滴滴声，就已经提前结束了模拟咨询。可导师偏偏不允许结束，仍旧要求我们继续进行咨询，于是我们就继续没话找话说。训练时间结束后大家互相讨论反思：为什么我们那么快就可以结束咨询了？原来，我们在咨询时和来访者的沟通还不够深入，浮光掠影后直接就到达了解决阶段，甚至很多解决方案还不是来访者自己找到的，而是咨询师直接给予的答案。这样的咨询意义是不大的。在后来练习中，我们不断地提醒自己“慢一点”“再慢一点”，多几次提问，多几次互动，我们会耐心地反复和来访者进行确认与澄清，全面收集来访者的现状，引导来访者明确其期待，并关注来访者曾经做出过哪些回应，最后帮助来访者找出解决问题的方法。这样的结果往往是在规定时间到达的滴滴声响起时，我们还没有结束咨询。回顾这些刻意放慢的过程里，经过不断地提问，咨询师的确还能挖掘出更多东西来，来访者也的确能更深刻地认知自己的内心，会一步步走向自己的行动方案。

表面上，咨询节奏变“慢”了，但咨询效果却变“快”了。

要知道，谁都不是生来就能把班级带得得心应手，工作中出现难题那是必然的现象，那么请记住：它会来的，但千万别怕它。既然会来，那不如把心安定下来，按着教育规律从容应对，牵着蜗牛去散步，慢下来吧……

（2）少就是多

这是我在阅读英国教育家洛克的《教育漫话》一书后归纳得出的。洛克有着丰富的担任上层社会富人子弟家庭教师的经验，他提醒家长：“你对孩子所定的规则应该愈少愈好，甚至比表面看去似乎绝对不可缺少的还要少。”

我读到洛克的这个观点时不免思考，为何他要做如此提醒？

洛克剖析了规则太多造成的两种结果：“因为你的规则太多，使他无法消受，结果不外乎两种：其一是，孩子必定时时受罚，而惩罚过多，结果肯定不佳；其次是，孩子违犯某些规则后，你若不加处罚，他们势必轻视有关规则，而你在他心目中的威信也就随之降低。”因此，洛克认为，对孩子的规则应该少定，而一旦定下，便要严格遵守。由此，洛克特别强调家长要能利用一切机会，为孩子提供一种不可缺少的练习，“使之在他们身上固定”，这种固定就是习惯。洛克提出，“当一种规则经过练习，奠定基础之后，方可再去增加另外一种规则。”

“慢就是快”“少就是多”，联系德育工作来思考这八个字，不知你是否和我一样惴惴不安？

“慢就是快”可警醒我们：教育学生欲速则不达。想想，在学生管理过程中我们遇到的那些学生问题，应该直线地反复教育？还是曲线地顺势引导？

“少就是多”则提醒我们反思：老师把学生管到几乎窒息最后会把自己逼到无路可退。想想，我们制订的班级公约有多少条？是否可以把班规再浓缩一点？能否在做到一条后，全班同学再讨论提出下一条？

“慢就是快”“少就是多”虽然道理浅显易懂，但在过去的德育管理中，我并未真正重视。后来意识到了便努力修正，今天回过头来再读当初的记录，结合职业院校学生特点来继续反思，这两点更能加以验证了。

今日练习

阅读案例，对该班主任的做法进行评析。

英语老师反映班上赵同学不知何故连续 3 天不交英语作业。班主任把小赵叫到办公室问他：“你为什么不交作业？”他低头不语。给他讲学习的意义、做作业的重要性、学英语的方法……无论班主任多么苦口婆心，他还是一言不发。结果班主任火了，大发雷霆，责令小赵：必须当天把所缺作业补齐。否则……原以为这最后通牒一定会起作用！谁知，第二天小赵不但没有把作业补上，反而不进教室上课了。

第 6 天

用好时间：拥有班主任工作的轻松状态

今日案例

拿出一点空闲时光来写给自己

2020 年 6 月 30 日，一个普普通通的日子。对于参加“一个教育者的真实记录”写作训练班的老师们来说，这又是不普通的日子。

今天是老师们写作练习的最后一天。

6 月 1 日，来自全国各地的 64 名职业院校教师参加了写作训练班。这个写作训练班的加入要求是“每天 500 字，坚持 30 天”。说实话，活动从一开始我们就在担忧：大家能够坚持下来吗？

出乎意料，到 6 月 30 日，一共有 58 位老师坚持下来了，其中大部分还是一线的班主任老师。

这次写作活动给我带来很多启示，我个人认为有成长目标的老师更愿意学习。写作训练班里的老师都很优秀，许多都是当地教育界的知名教师。每天在学习交流会上，谈教改，说德育，叹时事。

这些优秀的人把自己放低到尘埃之中，主动虚心地向别人学习。

曲老师说：“30 天来，我惶恐过，担心自己坚持不了半途而废；30 天来，我疲惫过，白天忙于上课、杂务工作，晚上还要搜肠刮肚完成作业；30 天来，我期盼过，每天期盼着老师的批阅与点评，细品着专家们的每一句话……”

李老师说：“本学期做班主任工作，事情比较多，空闲时间相对较少，我通常会利用课间时间抓紧写一些文字。那篇被刘校长选到公众号上的文章就是我听完课后那个课间及时写下的，在去食堂的路上还拿着手机在写。在食堂排队买饭时，还在低头写，甚至前面老师跟我说话，我都没在意。总之，这个月我废话少了，网购少了；观察多了，思考多了；每天的生活比过去充实多了。”

……

这样的感受很多。作为班主任老师，我们的空闲时光并不多，但正如那句大家都知道的话所说，时间就像海绵里的水，用力挤挤总会有的。

今日导练

作为职业院校班主任，你是否渴望过这样一种状态：能够头脑清晰、轻松自如地处理各种班级事务；能够寻得空闲坐下来安心读书……

但是，班主任总是处在忙忙碌碌之中，如何才能获得比较轻松的工作状态呢？学会管理时间显得非常重要。

第 6 天，我们一起来寻找达到这种轻松状态的方法。

今日精进

我承认，很多职业院校班主任的工作状态实际上并不会很轻松。

一大早，你从家里奔赴学校开始工作。这一天里你可能要面对来自校长室、学工处、教务处、后勤处、系部各个部门的各种各样的通知，谁都是你这个班主任的领导，谁都可以布置任务给你；你要面对班级里学生出现的各种突发事件，突然有学生旷课了，突然有学生上课和任课老师顶撞起来了；你要应对来自家长的询问；如果有各种表格要填写，你又成了“表哥”或“表姐”；此外，你还要备课、上课、批改作业、参加比赛……

还记得那张教师“风采”对照图（见图 1–7）吗？我很多次给职业院校班主任分享过。很多时候班主任老师们就在无休无止的各种事务中“炸毛”了！不再拥有为人师表的优雅淡定。

图 1–7　教师“风采”对照图

如果你正感觉自己焦头烂额，不妨继续读下去。

今天我们一起来学习时间管理的技术。下面我把自己实践过的对我而言行之有效的一些技术分享给大家。

1. 列好计划

列好工作计划是提高工作效率最重要的方法。虽然我们每年都会写计划，也有“计划赶不上变化”的困惑，但列好计划对提高工作效率确实有效。列好计划有三个建议。

（1）在一张纸上列好计划，不要写到翻页

因为计划一翻页会忘记全局。最初我习惯把一个阶段的工作目标列成具体的任务清单和时间表，然后打印出来，最多就是一张 A4 纸。若是超过了一张 A4 纸，我就会删减一些任务，或者缩小表格到一张 A4 纸上，然后用透明胶带贴在办公室里目之所及的地方。后来，偶尔获得一本记事本，那本记事本就成为我记录工作任务的“文件夹”了。

友情提醒：这是给自己看的工作计划。

（2）用关键词（组）制订年度计划

一张纸上的年度工作计划应该短小而具体，字数越精简，感觉会越清晰。我建议使用关键词或关键词组表示。例如，2018 年我的德育工作计划是这样写的：

1. 常规管理做实
——三自教育、宿舍管理、仪表仪容
2. 学生社团做优
——每周一团、全覆盖
3. 家庭教育做细
——家长课堂、家长学校、家教论坛

三个关键词组描述了德育工作目标，每一个关键词组下面列出具体任务清单的关键词。

对工作目标的思考不要写在计划中。比如，对于“常规管理做实”的德育工作目标有如下思考。

德育工作特色应该来自于常规管理，无论何时何地，常规管理永远应该是第一位。依此目标，常规管理继续按要求做实：一是重点抓好三自教育，拟对三自教育活动开展多年以来的工作做总结反思，突出自我教育，但要调整管理职责，切实发挥“三自班级”参与学校管理的作用；二是抓好宿舍管理。我校宿舍管理已经形成了品牌与特色，但系部之间仍旧有差距，拟加大学生工作处宿管科对新生的指导，并开展系部之间的观摩交流；三是花大力气抓仪表仪容，尤其是女生的服饰发型等老大难问题，指导“三自班级”组织开展早晨入校检查，并进行午间校园内巡查工作，每日检查、每日通报、每日整改。

（3）用表格制订周计划

在年计划的导向下，最有效的计划建议以周为单位进行，以天为单位思考填写。班主任可以参考表 1–5 制作周工作计划表并打印出来，填写表格。

表 1–5　周工作计划表

年第　周 1. 2. 3.	星期一	1.	2.	3.
	星期二	1.	2.	3.
	星期三	1.	2.	3.
	星期四	1.	2.	3.
	星期五	1.	2.	3.
	星期六	1.	2.	3.
	星期日	1.	2.	3.

友情提醒：这是学习企业里的看板管理，把目标可视化呈现出来，做完一项就做个记号，你会更有成就感。

2. 要事第一

要事，就是当下最重要的事。我们为什么觉得时间不够用，确实是因为事情太多了。班级里的“千根线万根线”，都得穿过班主任工作的“针鼻儿”。但你有没有发现上面这张周工作计划表里，列下的工作任务都只有三项？

博恩·崔西在《吃掉那只青蛙》里建议我们要遵守“三个”定律：找出工作中最重要的三件事情。无论如何，都先把这些事情做好，然后，你才能腾出更多的时间来安排个人的家庭和生活。他建议我们每天可以问自己：

“如果我每天只能完成一项任务，哪项任务对我的工作贡献最大？”然后重复两遍同样的问题。按照这种方法找到工作中最重要的三项任务之后，每天把所有的精力全部放在这三项任务上。

新精英创始人古典在管理时间上提出“清晨三件事”，即每天早晨列出当天需要做的三件事并公开。格式大概是这样："37/100　清晨三件事　昨天的回顾＋今天第一件事＋第二件事＋第三件事"（37/100：在 100 天里的第 37 天）。他这种方法更具约束力，把自己的计划公开就是在做公开承诺，由此也会带来执行力和一些资源，这就是越努力越幸运的原因。

越是简单好用的技术越是好技术。还有一个技术是 ABCDE 技术，把自己一天里要做的事都写下来，然后按轻重缓急分 ABCDE 等级，先做 A，再做 B，以此类推。"三个"定律也符合 ABCDE 技术。这些方法没有什么高深莫测，写下来其实并不难，做起来却贵在坚持。以我的 2020 年第 9 周周工作计划表为例，提醒自己每天重点做的三件事（见表 1–6）。

表 1–6　2020 年第 9 周周工作计划表

2020 年第 9 周 1. 学校工作：防疫、后勤、工会 2. 公众号：职业院校班主任工作指导 3. 在线教学	星期一	1. 整理领导小组会议纪要	2. 梳理防疫工作制度	3. 部署捐款活动
	星期二	1. 领导小组会议（工作若干）	2. 学习使用"学习通"	3. 第六次修改某书稿
	星期三	1. 做好会议纪要	2. 写在线教学流程	3. 写"时间管理"的文章
	星期四	1.	2.	3.
	星期五	1.	2.	3.
	星期六	1.	2.	3.
	星期日	1.	2.	3.

友情提醒：周工作计划不要排得太满，留下一定的时间应对随时出现的工作。比如，我一边写文章，一边在 QQ 和微信上处理各种工作事务。

3. 用好时间

一天只有 24 小时，对于每个人都是公平的。我们常有时间不够用的感觉，因为我们想做的、该做的事情还挺多的。

（1）节约时间

对于必须要做的事一定要保证时间，这是工作职责。对于特别想做的事要尽量挤出时间，那是自己的愿景。能够把必须要做的事和特别想做的事合二为一，那是最高境界，那就是事业。要事第一后，有些事你就不一定太浪费时间了。

班主任在班级管理中首先是领导者，然后才是管理者。领导者决定做什么事是最有价值的，管理者则是把想法具体落实到人。看到这里，你可能已经明白了，很多班级事务可以交给班干部去做的。千万不要有这样的心态：这么简单的事，我自己一下子就做好了。班主任越害怕在培训班干部上浪费时间，就越会把时间浪费在简单的事务之中，而且还浪费了学生锻炼成长的机会，浪费凝聚班级合力的契机。正如花一点时间写计划、列要事一样，培养班干部是班主任在学习如何去赋能，班干部独当一面了，班主任就把不必要浪费的时间节约下来了。

友情提醒：做个“懒惰”的班主任并不是让你甩手不管。时刻牢记，班主任是学生成长的引导者。

（2）保证大块时间

有些工作很重要，最好有一个相对安静的大块时间作为保证。从效率上来说，一般设定 90 分钟比较合理。班主任至少要有 90 分钟安静的时间处理最重要的事。

为什么要保证大块时间呢？是因为每一次打断工作，你再继续基本上还需要重新去看看原来是怎么做的，复习的过程就浪费了时间。所以，有些工作任务能够一气呵成的最好一气呵成做完，尽量不要留下“烂尾楼”。因此，安排的要事必须是合理的、可以操作的。

为确保大块时间，班主任可以事先做好一些说明，不让别人打扰你。比如，前面我讲到的古典公开承诺的方法一方面逼迫了自己，另一方面也为自己留下了大块时间。别人知道他正在做什么就不会随意来打扰。这个方法我在家经常用，先和家人申明我要做什么，请不要随意打扰我。通常情况下我还能获得儿子为我泡好的咖啡。

友情提醒：如果不想给自己太大压力，不要公开承诺。

（3）用零散的时间做零散的事

为何不能用零散的时间做重要的事情？因为时间明显不够，你的思路会被打断，下次继续基本上还得从头再来，工作效率反而低下，还会影响心情，成就感降低，倒不如不做。

什么样的事情是零散的事情？大脑工作方式有输入、思考和输出三种。相应地，我们可以做的零散事情也大致有三种：一是信息量小的输入，如背单词、看微课、听书学习等；二是思考，很多灵感都是在八小时以外产生的；三是信息量小的输出，如电话沟通、邮件处理等。

如此可见，我们真的是可以用零散的时间做很多零散的事情。有时间管理专家提出“五小淘金手模型”，建议我们学会用零散的时间做些小计划、小思考、小学习、小收集和小沟通。早起时，我们可以想想今天打算做什么，坐车上班途中可以看个微课小视频，想写论文时可以上网搜搜资料下载保存，闭目养神时可以构思班级活动的组织或者文章写作的思路。

友情提醒：时间是利用出来的，善于用好零散的时间，工作效率在无形之中就会有所提高。

今日练习

清晨，写下你最想做的三件事。一天过后，看看你是否能够做完这三件事？如果你很快完成或者不能做完，想想如何调整？

第 7 天

刻意练习：班主任应该是个优秀的学习者

今日案例

老师们，我们一起来读书吧

即将放暑假时，我给名师工作室里的班主任老师们布置了一个暑期读书作业，美其名曰“333 工程”。具体内容：拿出暑期的 1/3 时间；深度阅读 3 本书；至少写 3000 字读书心得。

一大早我就催着还没有接龙的老师要选定的阅读书单，“我已经拿着细细的蔑条开始抽打各位了！期待一起进步成长。”

就暑假选择图书方面，我对班主任工作室里的老师们提出几点小小的建议。

第一，建议阅读与自己研究相关的书。

适合自己的才是最好的。读书前得先问自己：我想读的书是什么。比如，研究幼儿教育的杨老师发来的书目是《儿童教育心理学》《生活体验研究》《未来学校》，而研究历史的杨老师列出的书目是《近代的尺度：两次鸦片战争军事与外交》《士大夫政治演生史稿》《君主制的历史》。

第二，建议阅读经典作品。

意大利作家伊塔洛·卡尔维诺提出“为什么读经典”的拷问，我很喜欢他对“经典”的深刻阐述。他说，经典是那些你经常听人家说“我正在重读……”而不是“我正在读……”的书。比如，我暑期里重点阅读的 3 本书目是《陶行知文集》《教学勇气》《非暴力沟通》。此 3 本对我而言都不是新阅读，而是重新阅读。每一次重新阅读，都感觉有新发现、新感受和新收获，这样的感受可能正意味着你阅读的是经典作品。

第三，建议结合实际工作来阅读。

阅读需要寻找适合自己的“位置”，不是人读亦读，所以我不轻易给老师推荐阅读书目，也基本上不轻易接受他人推荐的书目。

我佩服在实际工作中努力做出工作改进的人。扎根于学校教育做田野式研究后写出来的文章和著作我更喜欢反复地读。我读的书是用来改进我工作中实际问题的。比如，我在工作中与别人发生了争执，我就会重新去读《非暴力沟通》，去反思如何正确描述自己的观察，表达自己的感受和表达自己的需要。

第四，建议读书之后能够动笔，或者能够分享交流。

我曾读过闫学老师写的《跟苏霍姆林斯基学当老师》这本书，她把第一次阅读《给教师的建议》称之为“教师生涯中最重要的一次遇见”。

而这也是她第一次意识到做教师原来是一件美好的事情。20 多年来，她不停地读和写，又把她的经验分享给很多人。她强调优秀的教师离不开阅读。而从她的成长经历可以看出，优秀的教师还离不开写作。

第五，建议读些人文经典。

我们图书馆在工作群里发布信息，有过期的杂志需要处理，我联系了馆长要了好多文学期刊。当时一位很优秀的管理者听我说我要的都是文学期刊，说她先是拿了好多专业的期刊，又拿了一本诗刊，偷偷地塞在了最下面。有老师帮助她整理期刊时发现了这本诗刊，问她怎么会拿这本，是不是拿错了，她不好意思地说：我看看的，我看看的……

我们其实除了专业阅读之外也应有人文阅读，这是多美的爱好！

阅读，是一件美好的事。这个假期，我们可以一起来做这件美好的事。

今日导练

班主任专业成长必须付出一定的努力。优秀的班主任会主动学习成熟的教育技术和卓越教师的教育经验，然后在实践中加以复制、运用、印证和改进。回首他们成长为优秀班主任成长的每一步，其实就是他们努力学习的每一步。

在职业院校班主任专业成长过程中，你做了哪些努力？

第 7 天，我们一起来学习职业院校班主任专业成长的学习方法。

今日精进

职业院校班主任要走向专业成长，不仅需要时间，还需要适合的学习方法。

我们首先应该是优秀的学习者，我们需要去学技术，学建立在教育理论上的技术，学建立在教育情感上的技术。

如果你现在做的班主任工作和前几年做的班主任工作对比几乎没有变化，那说明你只是炒了很多年的冷饭，你的专业成长会有一些，但速度肯定不够快。

教育之所以不简单，是因为它其实是个技术活儿。班主任是学生成长的陪伴者，可是倘若班主任只知道要做却不知如何去做，那么他缺的并不是教育情感，而是教育技术。

美国佛罗里达州立大学心理学教授安德斯·艾利克森在他的著作《刻意练习：如何从新手到大师》中指出：杰出并非一种天赋，而是一种人人都可以学习的技巧，成为杰出人物的关键，在于刻意练习，但刻意练习也不是简单地重复。艾利克森说："事实上，训练时间的长短对能力的提高没有太大影响，没有正确方法而反复去练习，会让我们停滞不前，并且使能力水平下降。"所以，要想快速地获得成长，我们不仅需要有意识地去刻意练习，还需要使用恰当的练习方法。

1. 把你踩到的"坑"明确为你成长的"点"

（1）勇敢地跨出舒适区

如果你不只在做着班主任工作，还想努力做好班主任工作。请明确你的成长目标，离开曾经的舒适区。如果你从来不迫使自己走出舒适区，便永远无法成长进步。

（2）找出需要提升的点

离开了舒适区，你需要明确自我应该实现哪方面班主任能力的提升。《新时代魅力职业院校班主任专业素养提升指导教程》中指出，职业院校班主任要不断提升四大专业能力：教育教学能力、组织管理能力、人际沟通能力、职业指导能力。想想，班主任的四个能力，你最想要提升的是哪个方面的？是不是好像都需要，却不知从何下手？那你可以换一种思路，先去找出你离开舒适区后踩到的那些让你欲哭无泪的"坑"，那些"坑"其实就是你的成长目标所在。

（3）重视工作小结

你是如何写工作小结的？应付交差还是真正地回顾反思？工作小结不应该被忽视，相反要很重视。工作计划是在小结基础上制订出来的。我们不能忽视成长的每一步。我在组织工作室成员写工作小结时，曾设计了一张小结表（见表 1–7）。

表 1–7 梅亚萍德育名师工作室成员______年小结表

小结内容	
主要成果	
个人不足	
小结人： 年 月 日	

表 1–7 分为三层次：小结内容、主要成果、个人不足。从字数上要求由详至简。填写要求：小结内容要回顾这一年做了些什么以及怎么做的，回头看自己走的每一步是不是都在向前，此处应详写；主要成果要清点一下这一年里学生的成长、班级的成长、自己的成长，每一条都要强化工作成就感，此处应列清单，多多益善；个人不足要反思自己还有哪些不足，这就是能力需要提升之处了，此处虽略写，但需一针见血。

梅亚萍德育名师工作室成员小结示例，如图 1–8 所示。

由图可知，小徐老师的 2019 年个人不足为：

1）对德育的理论学习还不够；

2）对德育工作实践的反思还不够；

3）对系部德育管理工作的顶层设计能力还不足。

梅亚萍德育名师工作室成长计划，如图 1–9 所示。由图可知，2020 年小徐老师的具体打算为：

1）仔细阅读 2~3 本教育相关书籍；撰写 2 篇德育工作论文；

2）研究系部德育工作规律，建设工作体系；

3）辅导选手参加班主任工作相关比赛、评比；

4）探索德育工作新途径。

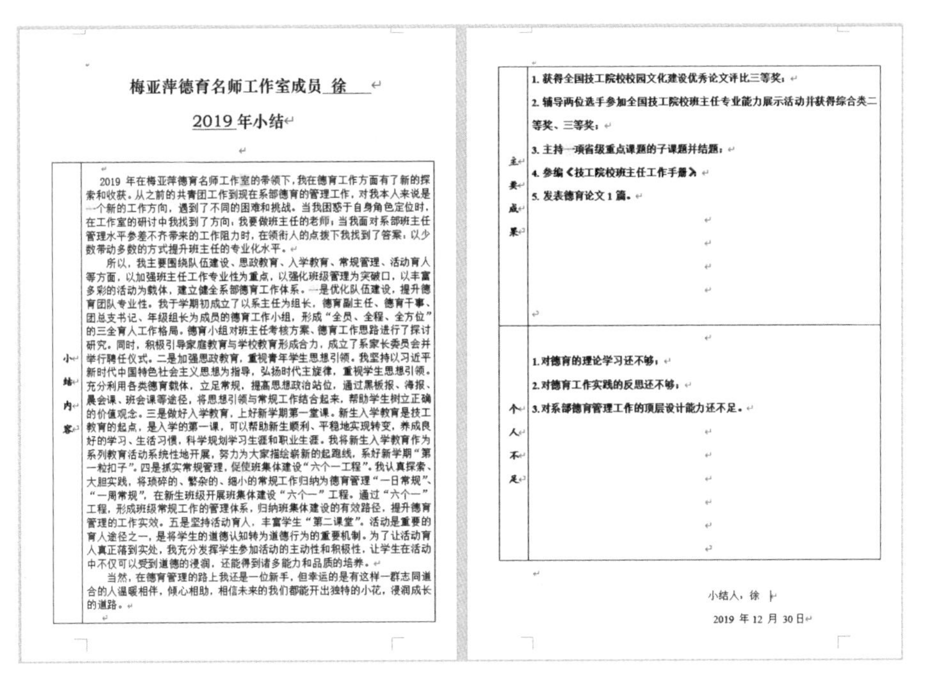

梅亚萍德育名师工作室成员 徐

2019 年小结

小结内容	2019 年在梅亚萍德育名师工作室的带领下，我在德育工作方面有了新的探索和收获。从之前的共青团工作到现在系部德育的管理工作，对我本人来说是一个新的工作方向，遇到了不同的困难和挑战。当我困惑于自身角色定位时，在工作室的研讨中我找到了方向，我要做班主任的老师；当我面对系部班主任管理水平参差不齐带来的工作阻力时，在领衔人的点拨下我找到了答案，以少数带动多数的方式提升班主任的专业化水平。 所以，我主要围绕队伍建设、思政教育、入学教育、常规管理、活动育人等方面，以加强班主任工作专业性为重点，以强化班级管理为突破口，以丰富多彩的活动为载体，建立健全系部德育工作体系。一是优化队伍建设，提升德育团队专业性。我于学期初成立了以系主任为组长，德育副主任、德育干事、团总支书记、年级组长为成员的德育工作小组，形成“全员、全程、全方位”的三全育人工作格局。德育小组对班主任考核方案、德育工作思路进行了探讨研究。同时，积极引导家庭教育与学校教育形成合力，成立了系家长委员会并举行聘任仪式。二是加强思政教育，重视青年学生思想引领。我坚持以习近平新时代中国特色社会主义思想为指导，弘扬时代主旋律，重视学生思想引领。充分利用各类德育载体，立足常规，提高思想政治站位，通过黑板报、海报、晨会课、班会课等途径，将思想引领与常规工作结合起来，帮助学生树立正确的价值观念。三是做好入学教育，上好新学期第一堂课。新生入学教育是技工教育的起点，是入学的第一课，可以帮助新生顺利、平稳地实现转变，养成良好的学习、生活习惯，科学规划学习生涯和职业生涯。我将新生入学教育作为系列教育活动系统性地开展，努力为大家描绘崭新的起跑线，系好新学期“第一粒扣子”。四是抓实常规管理，促使班集体建设“六个一工程”。我认真探索、大胆实践，将琐碎的、繁杂的、细小的常规工作归纳为德育管理“一日常规”、“一周常规”，在新生班级开展班集体建设“六个一”工程。通过“六个一”工程，形成班级常规工作的管理体系，归纳班集体建设的有效路径，提升德育管理的工作实效。五是坚持活动育人，丰富学生“第二课堂”。活动是重要的育人途径之一，是将学生的道德认知转为道德行为的重要机制。为了让活动育人真正落到实处，我充分发挥学生参加活动的主动性和积极性，让学生在活动中不仅可以受到道德的浸润，还能得到诸多能力和品质的培养。 当然，在德育管理的路上我还是一位新手，但幸运的是有这样一群志同道合的人温暖相伴，倾心相助，相信未来的我们都能开出独特的小花，浸润成长的道路。
主要成果	1. 获得全国技工院校校园文化建设优秀论文评比三等奖； 2. 辅导两位选手参加全国技工院校班主任专业能力展示活动并获得综合类二等奖、三等奖； 3. 主持一项省级重点课题的子课题并结题； 4. 参编《技工院校班主任工作手册》 5. 发表德育论文 1 篇。
个人不足	1. 对德育的理论学习还不够； 2. 对德育工作实践的反思还不够； 3. 对系部德育管理工作的顶层设计能力还不足。

小结人：徐

2019 年 12 月 30 日

图 1–8　梅亚萍德育名师工作室成员小结示例

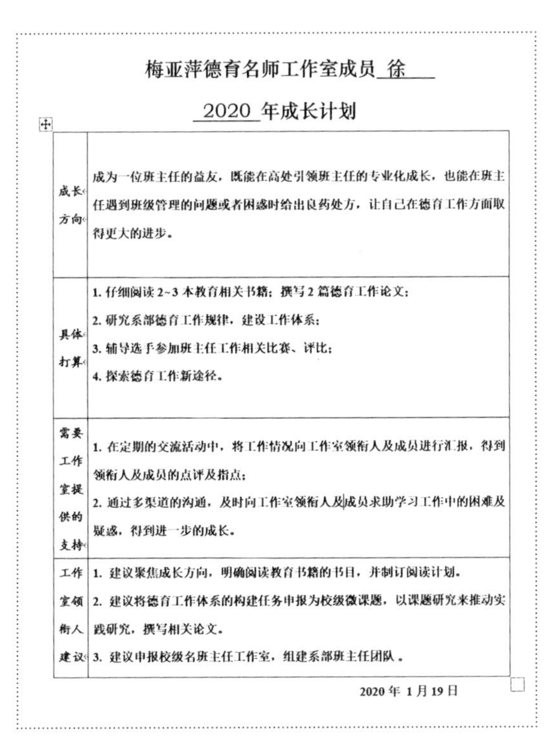

梅亚萍德育名师工作室成员 徐

2020 年成长计划

成长方向	成为一位班主任的益友，既能在高处引领班主任的专业化成长，也能在班主任遇到班级管理的问题或者困惑时给出良药处方，让自己在德育工作方面取得更大的进步。
具体打算	1. 仔细阅读 2~3 本教育相关书籍；撰写 2 篇德育工作论文； 2. 研究系部德育工作规律，建设工作体系； 3. 辅导选手参加班主任工作相关比赛、评比； 4. 探索德育工作新途径。
需要工作室提供的支持	1. 在定期的交流活动中，将工作情况向工作室领衔人及成员进行汇报，得到领衔人及成员的点评及指点； 2. 通过多渠道的沟通，及时向工作室领衔人及成员求助学习工作中的困难及疑惑，得到进一步的成长。
工作室领衔人建议	1. 建议聚焦成长方向，明确阅读教育书籍的书目，并制订阅读计划。 2. 建议将德育工作体系的构建任务申报为校级微课题，以课题研究来推动实践研究，撰写相关论文。 3. 建议申报校级名班主任工作室，组建系部班主任团队。

2020 年 1 月 19 日

图 1–9　梅亚萍德育名师工作室成长计划示例

2. 聚焦成长“点”，寻找高质量的指导和反馈

找到了“坑”之后，班主任就需要从不同的方向去寻求解决问题的方法了。如果自己埋头琢磨，很有可能是无用功。班主任需要抬头看天，可以借助导师、同事的指导，也许他们也曾经遇到过同样的瓶颈，可以为你提供一些避免掉进“坑”里或者爬出“坑”的技术方法。

（1）获得导师辅导

刻意练习首先需要找到一位好导师。刻意练习的主要目的是建立一系列有效的心理表征。但是在学习的初期，个人的心理表征是初步的、不准确的。我们尽可能要找到在职业院校班主任领域中优秀的专家和经验丰富的班主任，向他们请教和学习，让他们能够观察你并向你提供高质量的反馈。

比如，2020 年我给小徐老师的成长建议是：

1）建议聚焦成长方向，明确阅读教育书籍的书目，并制订阅读计划。

2）建议将德育工作体系的构建任务申报为校级微课题，以课题研究来推动实践研究，撰写相关论文。

3）建议申报校级名班主任工作室，组建系部班主任团队。

（2）研究成功案例

班主任可以去研究导师或者其他优秀班主任分享的成功案例背后可能的原因。比如，同样主题的班会课，他们的设计方案与自己的相比有什么不同？为什么会有这样的不同？处理同样的学生问题，为何自己掉“坑”里了而他们却没有？探寻成功案例的原因，能为班主任找出解决问题的方法。

（3）关注优秀的公众号

优秀的公众号能够给班主任从很远的他乡送来优秀的导师。班主任可以关注一些业务部门的公众号，及时了解掌握国家有关教育政策，如“魅力德育”“中国辅导员”等；也可以关注来自一线的德育工作者的个人公众号，如李镇西老师的“镇西茶馆”“广东省阳海华名班主任工作室”等。优秀的职业院校德育工作者公众号，如图 1-10 所示。

（4）阅读经典书籍

阅读并不能促成班主任的快速改变。躺在舒适区里的阅读不是真正的学习，这只是在消费着时间。真正的阅读学习其实并不是非常愉悦的。这样的阅读学习一般是以成长目标为导向，即为了避免下次再次掉入那些同样的“坑”，或者想从“坑”里努力爬出来。所以，很多阅读学习也不必苛求一字不落地从头读到尾，可有选择性地刻意聚焦于自身的成长“点”进行精读。

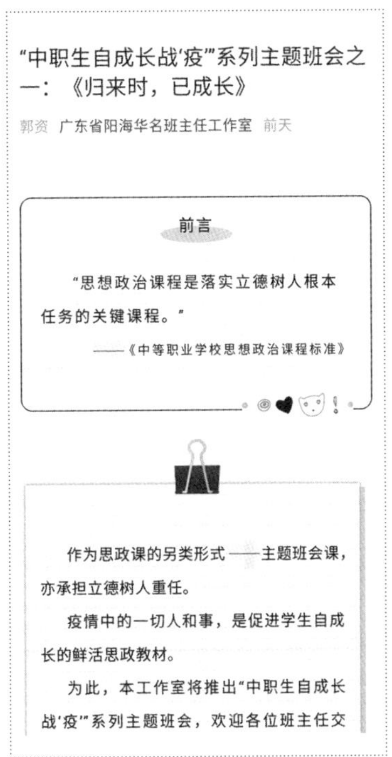

图 1–10 优秀的职业院校德育工作者公众号示例

3. 持续地投入时间和精力去自我训练

（1）在工作中刻意练习

要节约练习时间，最好的方法就是把工作本身变成练习，这类似于职业教育中的理实一体化教学。在工作中边干边学，最重要的是动手去做。我们要聚焦的不是记住了多少教育理论知识，而应该聚焦于工作的绩效，即看自己能不能做好班主任工作，能有多少工作成果。

（2）保持成长的愿景

专业成长不是一蹴而就的，刻意练习也不是愉悦的，能够让我们坚持走出舒适区，走进学习区的，是我们内心里一直存在着的成长愿景。教师培训专家郑杰说：“成长，就是一个变化过程，是自身变得更好、更强、更成熟的过程。”

我们不必追求大踏步式进步，每天走出一小步，改变一点点，日积月累，期待着自己最完美的蜕变。

今日练习

写下自己曾经掉进去的班主任工作的“坑”，并说说你从导师那里找到哪些方法。

第2阶段

走进学习区，每天积累一点点

走进学习区
在学习中提升
在模拟中感悟
在实战中成长
……
一步步
每天积累一点点
你会发现自己在成长的道路上已经走了好远

第 8 天

以赛促培：比赛是班主任最好的历练成长方式

今日案例

感谢这个平台

小李老师给我发来微信：“我马上要参加省赛了，您能给我指点下迷津吗？”

认识小李老师是在一次班主任业务能力培训提升班上，印象中他是个阳光的青年男教师。

我让小李老师把他整理好的备赛资料发给我看看。他发来了一个文档，里面包含了班主任工作职责、学生问题原因分析、班主任带班理念、突发事件处理、班干部培养等方面的锦囊妙计，很有条理。看得出小李老师是一位很用心也很认真的班主任老师。

面对如此认真的青年班主任，我也不敢马虎。针对小李老师备赛的缺项，我建议他要多关注最新教育文件的精神，多关注劳动教育、思政教育、疫情防控下的学生教育等。

几天后，小李老师又发来几张截图，是他整理出来的一些国家教育政策文件。小李老师问我，他整理的文件是否还有遗漏？又问我，教育学、心理学和教育名家思想这部分该如何去学习？我推荐给他几本书，告诉他认真阅读，结合班主任工作实际理解就可以了。

之后，我看到小李老师在朋友圈里发布喜讯，他获得了省赛一等奖，他说：“背起行囊出发时，只为求知。感谢这个平台，让我怀着少年的求知心追逐梦想。”

今日之导练

经历了第一阶段的学习，现在的你是否已经精神焕发，摩拳擦掌，准备在职业院校班主任工作岗位上大展身手了？在第二阶段里，我们主要将各类职业院校班主任基本功大赛或专业能力大赛的赛项解析作为学习的内容。

第 8 天，我们首先一起来了解基本功大赛的意义所在。

今日之精进

职业院校班主任工作是一项非常重要的工作，但并非人人能为，没有一定专业素养的教师无法胜任班主任这一专业性岗位。2016 年起，全国中等职业学校班主任基本功大赛的举办就是促进中职班主任专业化成长的一个重要举措。

1. 大赛是成长的平台

也许班主任会说，我从来没想过参加班主任基本功大赛，只要自己认真学习就行。我赞同这种观点，基本功大赛确实只是职业院校班主任专业成长的一个平台而已。

早在 2009 年，我在无锡机电高等职业技术学校担任学生工作处主任时，曾组织了一次班主任技艺大赛。

为何以“技艺”作为限制性定语？“技艺”二字承载着职业院校班主任专业技能与工作艺术。我希望每一位职业院校班主任明白他们的工作不只是班级管理的具体事务，而是要关注在每一件班级事务里面的学生的健康成长；我期待每一位职业院校班主任能够把老师对学生的爱传递得自然而温馨；我渴望每一位职业院校班主任能够富有教育艺术地去处理他们面对的各种难题。

那次比赛以专业部组建团队进行参赛，每队 4 个队员。比赛类型分为班级管理 ABC、学生个案分析（评委问 + 观众现场提问）、教师才艺展示 3 个部分。评委是优秀班主任，全体班主任观摩，台上赛台下看，现场气氛热烈，赛后延伸学习讨论，这种以赛促学的方式效果明显比平常的专家讲座好了很多。

虽然那次比赛过去十多年了，但至今我还清晰记得当初的比赛场景：一位班主任才艺展示朗诵的是《卖火柴的小女孩》，她深情的诵读让台下的听众泪水不能自已；一位班主任被问到他班级的某某学生住在几号宿舍楼时，回答不出来的惴惴不安；场下班主任现场提出刁钻古怪的问题，也都是他们自己在工作中遇到的难题。

苏格拉底说：教育不是雕刻，而是唤醒。

比赛本身并不是目的，我们面对的不是大赛，而是个人的专业成长。我最初尝试组织职业院校班主任技艺大赛的初衷不是为了发放几张证书，而是为了搭建一个班主任老师们同台竞技、分享交流的成长平台。

事实证明，这种比赛能够加快职业院校班主任的专业成长速度和高度。于是，我们从组织校级比赛开始，推广到组织市级比赛。江苏省职教学会德育工作委员会领导也肯定了我们这种以赛促培的班主任培训方式，紧接着组织了江苏省中职班主任基本功大赛。然后，全国各地也有了类似的大赛。

2016 年，中国职业技术教育学会德育工作委员会组织了全国首届中职班主任基本功大赛，有 22 个省份参加；2017 年，第二届有 28 个省份参与；再到 2018 年，第三届有 34 个省份（含计划单列市）参加。

2019 年 1 月 4 日，中国职业技术教育学会德育工作委员会发布关于征求对《全国中等职业学校班主任专业能力（素养）研学提升活动章程（征求意见稿）》意见的通知（见图 2–1）。《全国中等职业学校班主任专业能力（素养）研学提升活动章程（征求意见稿）》明确指出活动宗旨是：提升中职班主任专业素养，打造优秀中职班主任队伍；提高中职班主任育人质量，促进职业院校学生全面健康成长。

中国职业技术教育学会德育工作委员会

首页 | 通知公告 | 工作动态 | 分支机构动态 | 热点专题 | 资料下载

当前位置：首页 > 中国职业技术教育学会德育工作委员会 > 通知公告

关于征求对《全国中等职业学校班主任专业能力（素养）研学提升活动章程（征求意见稿）》意见的通知

发布时间：2019-01-03

关于征求对《全国中等职业学校班主任专业能力（素养）研学提升活动章程（征求意见稿）》意见的通知

各有关单位和个人：

为进一步规范全国中等职业学校班主任专业能力（素养）研学提升活动，提高活动的科学化、规范化、制度化水平，我会草拟了《全国中等职业学校班主任专业能力（素养）研学提升活动章程（征求意见稿）》，现向大家公开征求意见。请将您的书面修改意见于2019年2月19日前反馈至邮箱banzhurendasai@163.com。

我会将在2019年下半年继续举办全国中等职业学校班主任专业能力（素养）研学提升活动，具体活动要求另行通知。

附件：《全国中等职业学校班主任专业能力（素养）研学提升活动章程（征求意见稿）》

中国职业技术教育学会德育工作委员会
2019年1月4日

图 2–1 关于征求对《全国中等职业学校班主任专业能力（素养）研学提升活动章程（征求意见稿）》意见的通知

无论大赛范围如何扩大，大赛只是职业院校班主任的一个成长平台；同理，无论大赛范围如何缩小，哪怕缩小到只是你和曾经的自己进行比赛，它也可以成为你成长的载体。

因此，正确的学习定位对于顺利完成本阶段的学习非常重要。本阶段的学习，你不是为了比赛，而是为了自己的成长，为了学生的成长。

2. 赛项是成长的方向

第三届中职班主任基本功研学提升活动赛项包括相关理论知识测试、主题班会方案设计、教育故事演讲问答、模拟教育情景答辩和个人才艺展示（见图 2-2）。

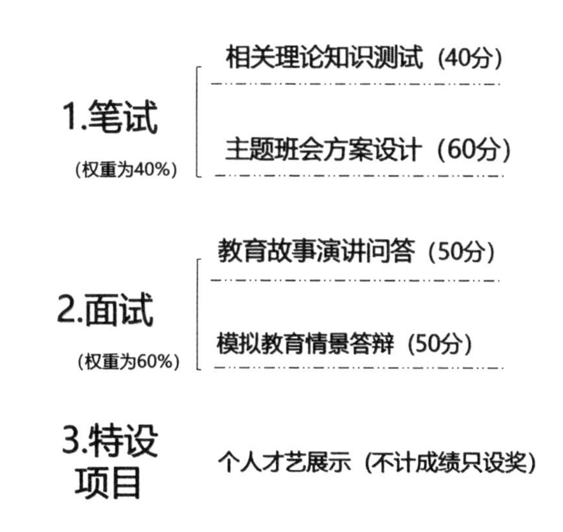

图 2-2　第三届中职班主任基本功研学提升活动赛项

2018 年、2019 年全国技工院校班主任专业能力提升展示活动赛项主要分为初评和现场集中展示两个环节，设教育故事写作、主题班会方案设计、学生个案分析答辩 3 个项目（赛项要求见例 2-1）。

【例 2-1】 2019 年全国技工院校班主任专业能力提升展示活动赛项要求

（一）教育故事写作（权重 20%）

文稿初评项目，选手提交一篇教育故事写作文稿。教育故事的主题为“厚植爱国主义情怀”或“增长知识见识”。文稿必须是选手自己在班主任工作中的一个真实、典型的故事，能体现班主任工作的政策要求、教育理论、育人理念和智慧方法。字数 1200~2500 字。

（二）主题班会方案设计（权重 40%）

现场笔试项目，选手现场抽题。笔试时间 90 分钟。主题班会方案设计主要包括：班会题目、教育目标、班情分析、设计思路、活动准备、教育方法、内容安排、实施步骤、总结反思等。字数 2000 字左右。

（三）学生个案分析答辩（权重 40%）

现场面试项目，选手现场抽题。选手抽题后准备 20 分钟，根据题目要求，阐述 5 分钟。然后，选手根据评委的提问进行针对性的回答，时间为 2 分钟（不含评委提问时间）。

这些赛项的设置，重在集中展示职业院校班主任的建班育人能力，包括全面正确履行中职班主任的工作职责，正确认识和解决班级建设和管理中的主要工作及疑难问题，领会和运用班级育人管理中的相关法规、政策、原理和方法等。

参照以上赛项，职业院校班主任专业素养提升可从以下几方面下功夫：

（1）在学习相关理论知识上下功夫

一是学习国家相关教育政策法规，主要是与职业教育、德育工作（尤其是中等职业学校德育工作）和班主任工作密切相关的国家法律法规、政策规定等内容；二是学习教育基本理论和教育名家思想，主要是与职业院校班主任工作密切相关的教育学、心理学、教育心理学等基本理论知识和古今中外教育名家的思想精华。

（2）在学习教育故事演讲问答上下功夫

教育故事演讲的前提是要学会教育故事（案例）的写作，问答环节考查的是职业院校班主任在教育故事中体现出来的教育情感和教育智慧。

（3）在学习主题班会方案设计上下功夫

主题班会的组织是职业院校班主任必备的看家本领，好的主题班会方案设计是组织好主题班会的前提，优秀的主题班会能够有效地引领学生自我教育、自我成长。

（4）在模拟教育情景答辩上下功夫

模拟教育情景的案例来源于职业院校班主任的工作实际，答辩则体现的是职业院校班主任处理各类教育情景的教育理论素养和专业能力。

（5）在组织班级活动上下功夫

班级活动的组织是职业院校班主任提升组织管理能力的最佳途径，组织什么活动，活动环节如何开展，都蕴藏着深刻的教育意义。

3. 行动就是学习的深入

美国学者波斯纳认为：教师的成长 = 经验 + 反思。

如何才能获得经验？只有在工作实践中才可以获得。在学校里组织班主任技艺大赛时，我发现每次轮到坐在台下作为观众的班主任们提问台上参赛选手时，他们总是热情高涨问题不断，虽然他们的问题很朴素却非常具有挑战性。因为，他们通常提问的都是萦绕在他们心头的困惑、焦虑和不解。这样的互动场面将台上选手与台下观众联结成为一个学习共同体，它早已超越了比赛的形式，达到了我期待通过比赛来促进班主任学习的活动目的。很可惜，现在的比赛越来越追求公平性，反而不敢设置这样的互动场面。现在，国赛组织者也会有意地从一线班主任那里征集赛题。

所以，只要你是一线的班主任，就可以把自己的困惑设计成赛题，然后去进行自我答题，出题的过程就是复盘的过程，答题的过程就是反思的过程，我相信在这样的过程中你总会有所得。

职业院校班主任的成长离不开班主任工作的实践。如果想要成长为一名优秀班主任，首先要在班主任工作实践中经历几番摸爬滚打，班主任专业成长与班主任工作应是如影随形的。优秀班主任是如何沉到实践中学习的？他们在行动前会反复澄清问题、创新方案，采取行动后会进行反思总结、学习提升，如图 2–3 所示。

图 2–3 优秀班主任的学习流程

可见，没有深深扎根于班主任工作这块土壤里，没有对学生深深的了解，没有对班主任工作深刻的感受，我们只靠着临时抱佛脚突击背诵一些政策理论知识，就想来快速提升班主任专业素养，那是异想天开的事。

我们要记住：实践出真知，职业院校班主任的专业成长要牢牢扎根于职业院校班主任的工作岗位上，扎根于职业院校班主任工作实践之中。

今日练习

你是否参加过职业院校班主任基本功大赛，或者类似的比赛，或者观摩过比赛？请简要说说自己的感想。

第 9 天

依法执教：在学习教育政策法规上下功夫

今日案例

不再是距离遥远的政策

接到周主任的电话，她问我能否给他们那里的中职班主任基本功省赛获奖选手做讲座，主要讲讲国家的相关教育政策法规的学习。我一听主题有点发怵，与这些历经百战的选手相比，我对政策的了解肯定还不如他们。我知道，好多参赛选手都能把政策文件背诵下来，而我肯定不行。

我向周主任说出了我的顾虑。周主任告诉我，虽然选手们知道相关政策，但是好像总不知道如何运用，感觉只会死记硬背，她希望我能去和他们面对面聊聊。他们想把这些优秀班主任老师打造成班主任工作培训讲师，希望他们回到各自学校能够影响带领更多一线班主任老师的专业成长。

我被打动了，因为比赛本意也正是为了激励更多班主任老师的专业成长。

我和获奖选手面对面交流的时候，没有讲非常多的政策法规，只讲了三点：班主任五大职责的“一只手”、厘清教育的三个根本问题、遵循教育规律学以致用。

参加对话活动的刘老师在学习小结中写道：“政策不再是距离遥远的顶层设计，不再是笔试时记忆的枯燥字句，而是信手拈来的工作指南。那些忽略学生成长规律、政策法规和教育规律研究的老师们，多半是忙于凭经验管班，四处救火应急的事倍功半者。梅老师播撒的种子，让我感知到很久以来，忙碌得有些茫然的行政管理为什么低效的根本原因。”

今日导练

与学习教育理论知识相比，很多职业院校班主任在学习教育政策法规上并没有狠下功夫。他们心里或多或少会有这样的想法："我只是一名普通的班主任，教育政策法规离我的生活很远。"其实这个想法是错误的。

班主任一定要研究教育相关的法律法规，这样才能做到教育方向正确、教育工作不违规。危急时刻，班主任还能知道如何利用法律武器来保护自己。

第 9 天，我们一起来学习理解并掌握运用国家相关教育政策法规的方法。

今日精进

新时代要做好职业院校班主任工作，提升我们自身的政治素养是非常必需且重要的。

1. 厘清教育的三个根本问题

德育是一个需要智慧也呼唤智慧的教育领域。但狭义的德育概念专指道德教育。在我国，德育则有更为广义的界定，是相对于智育、美育等来划分的，它的范围比狭义的德育概念更广，包括培养学生的思想品质、政治品质和道德品质。

教育家顾明远先生主编的《教育大辞典》中指出："德育旨在形成受教育者一定思想品德的教育。在社会主义中国，包括思想教育、政治教育和道德教育。在西方，一般指伦理道德教育以及有关的价值观教育。"

社会主义中国的德育工作不只是单纯的道德教育，而是重要的德政工程。2018 年 9 月 10 日，全国教育大会在北京召开。本次大会指出：教育是民族振兴、社会进步的重要基石，是功在当代、利在千秋的德政工程，对提高人民综合素质、促进人的全面发展、增强中华民族创新创造活力、实现中华民族伟大复兴具有决定性意义。教育是国之大计、党之大计。

习近平总书记在全国教育大会上指出：培养什么人，是教育的首要问题。我国是中国共产党领导的社会主义国家，这就决定了我们的教育必须把培养社会主义建设者和接班人作为根本任务，培养一代又一代拥护中国共产党领导和我国社会主义制度、立志为中国特色社会主义奋斗终生的有用人才。

试想，如果班主任都不知道我们的教育"培养什么人""怎样培养人""为谁培养人"这三个根本问题，那又怎能做好以育人为根本的职业院校班主任工作呢？

因此，在新时代，职业院校班主任要做好学生思想工作，首先就要认真学习习近平总书记在全国教育大会上的重要讲话精神，厘清“培养什么人”“怎样培养人”“为谁培养人”这三个根本问题。三个根本问题图解如图 2-4 所示。

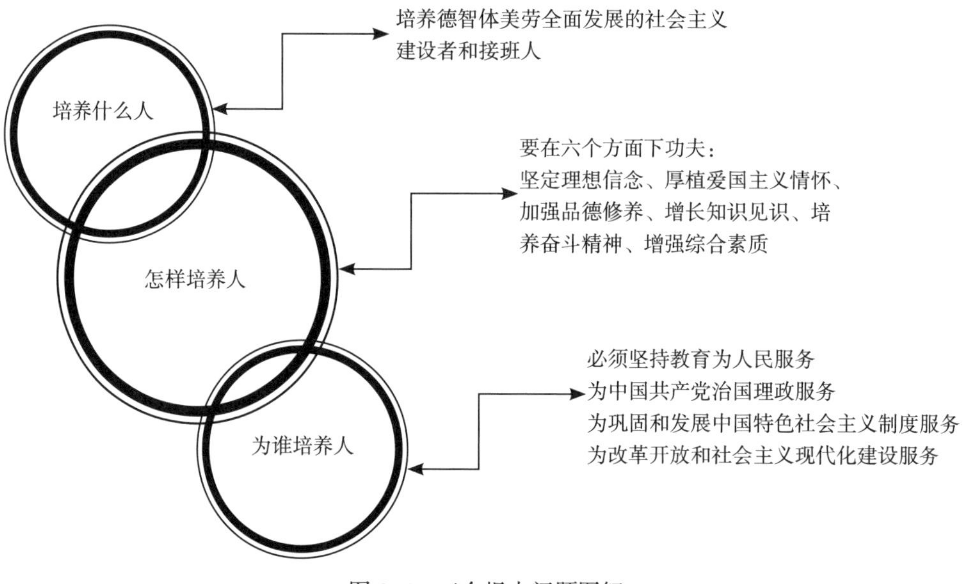

图 2-4　三个根本问题图解

2. 把握三个基本原则

与职业院校班主任工作相关的国家政策法规非常多，我们在学习时应把握以下三个原则。

（1）方向性

我国教育发展的历史告诉我们，教育前行的每一步都与教育政策分不开。党和国家的教育政策与法规，为我们依法执教提供政策依据和法律准绳。我们要认真学习国家的教育政策与法规，为做好职业院校班主任工作奠定坚实的思想政治基础。

（2）最新性

对于同样的内容，国家层面可能先后有不同表述和不同的要求。现在，我们需要紧扣新时代的最新要求。职业院校班主任要主动去关注国家最新出台的与职业教育相关、与德育工作相关、与学生思政教育相关的政策，要以国家相关部门最新颁布的政策为准，并对比分析新政策与老政策之间发生了哪些变化，从中把握住关键点。

（3）实用性

职业院校班主任体验着在一线工作的酸甜苦辣。在实践中运用政策是学习掌握政策的最有效方法。“互联网 +”的时代为我们获取资料和信息提供了更为便捷的条件，我们可以从问题出发，运用信息化手段去寻求解决问题的政策理论依据，然后再在实践中加以应用。

依据上述原则，我筛选了一部分职业院校班主任应该掌握的国家教育政策与法规。在梳理时，我将它们分为三类。

第一类，与教育（职业教育）发展相关类

1）习近平总书记在全国教育大会上的重要讲话（2018.9.10）

2）习近平总书记在学校思政课教师座谈会上的重要讲话（2019.3.18）

3）习近平总书记在纪念五四运动 100 周年大会上的重要讲话（2019.4.30）

4）习近平总书记在庆祝中华人民共和国成立 70 周年大会上的讲话（2019.10.1）

5）《国家职业教育改革实施方案》（国发〔2019〕4 号）

第二类，与职业院校学校管理（德育工作）相关类

1）《中等职业学校德育大纲（2014 年修订）》（教职成〔2014〕14 号）

2）《教育部办公厅关于加强和改进新时代中等职业学校德育工作的意见》（教职成厅〔2019〕7 号）

3）《教育部 人力资源社会保障部关于加强中等职业学校班主任工作的意见》（教职成〔2010〕14 号）

4）《教育部等五部门关于完善安全事故处理机制 维护学校教育教学秩序的意见》（教政法〔2019〕11 号）

5）《中共中央 国务院关于全面深化新时代教师队伍建设改革的意见》（中发〔2018〕4 号）

第三类，与学生成长相关类

1）《教育部办公厅关于开展学习签署践行〈中等职业学校学生公约〉活动的通知》（教职成厅〔2016〕2 号）

2）《教育部办公厅关于调整开展中等职业学校“文明风采”活动的通知》（教职成厅函〔2018〕54 号）

3）《学生伤害事故处理办法》（教育部令第 12 号）

4）《教育部等九部门关于防治中小学生欺凌和暴力的指导意见》（教基一〔2016〕6 号）

5）《中等职业教育国家奖学金评审暂行办法》（教财函〔2019〕104 号）

6）《关于调整职业院校奖助学金政策的通知》（财教〔2019〕25 号）

7）《职业学校学生实习管理规定》（教职成〔2016〕3 号）

以上只是部分列举，我建议职业院校班主任能去查看历届职业院校班主任基本功大赛（或研学提升活动、专业能力大赛）通知中列举出来的职业院校班主任必须掌握的政策目录，整理出一个与职业院校班主任工作相关的政策文件夹。在遇到相关问题需要处理或研究时，可以快速便捷地找到政策依据。

3. 坚持三个努力方向

（1）加强自我学习

依法执教，即职业院校班主任要依据国家教育政策与法规来认真落实立德树人的根本任务。为了实现依法执教我们要加强自我学习。

比如，职业院校班主任首先要牢牢掌握《中等职业学校德育大纲（2014 年修订）》，要去明确职业院校德育工作的德育目标、德育内容、德育原则、德育途径和德育评价。其中，德育原则又是重中之重，是开展职业院校德育工作的重要依据（见表 2–1），需用心学习掌握。

表 2–1 《中等职业学校德育大纲（2014 年修订）》提出的德育原则

序号	原则	解释内容
1	方向性和时代性相结合原则	要坚持正确的政治方向和育人导向，紧密结合社会需要和时代发展的要求，增强针对性和实效性
2	贴近实际、贴近生活、贴近学生原则	要遵循思想道德教育的普遍规律，尊重学生自我教育的主体性，适应学生身心成长的特点，开展富有成效的教育和引导活动，提高吸引力和感染力
3	知行统一原则	要重视知识传授、观念树立，重视情感体验和行为养成，引导学生形成知行统一、言行一致的优良品质
4	教育与管理相结合原则	要进行深入细致的思想教育，同时要加强科学严格的管理，增强学生接受教育的主动性，实现教育与自我教育、自律与他律、激励与约束的有机结合
5	解决思想问题与解决实际问题相结合原则	既要做到以理服人、以情感人，又要切实帮助学生解决学习、生活中遇到的实际困难和问题，增强教育的实际效果

又如，我在工作中曾经几次遇到家长来校“闹事”。有些家长虽然情绪激动，但经过努力沟通最终问题能够妥善地得到解决；可是，有些家长的问题却不是靠

我们的沟通就能解决的。2019 年教育部五部门颁发了《关于完善安全事故处理机制 维护学校教育教学秩序的意见》(教政法〔2019〕11 号)，这一指导意见的颁布，着实为我们一线德育工作者界定与处理家长校闹问题提供了清晰有力的政策指导(见表 2-2)。

表 2-2 《关于完善安全事故处理机制 维护学校教育教学秩序的意见》对于 8 种校闹行为的界定

序号	校闹行为
1	殴打他人、故意伤害他人或者故意损毁公私财物的行为
2	侵占、毁损学校房屋、设施设备的行为
3	在学校设置障碍、贴报喷字、拉挂横幅、燃放鞭炮、播放哀乐、摆放花圈、泼洒污物、断水断电、堵塞大门、围堵办公场所和道路的行为
4	在学校等公共场所停放尸体的行为
5	以不准离开工作场所等方式非法限制学校教职工、学生人身自由的行为
6	跟踪、纠缠学校相关负责人，侮辱、恐吓教职工、学生的行为
7	携带易燃易爆危险物品和管制器具进入学校的行为
8	其他扰乱学校教育教学秩序或侵害他人人身财产权益的行为

(2)主动对外宣讲

输出是为了能够更好地输入。我们一般会有这样的体会，教别人做反而能够帮助自己学习得更为深刻。所以，职业院校班主任在学习相关国家教育政策时，可以尝试着去给需要的人进行宣讲，从而梳理出政策法规中指导性的关键语句。

比如，我们以学习习近平在学校思政课教师座谈会上的重要讲话精神为例，可以列出以下重点内容，与学生、家长、同行者进行分享交流探讨。

——青少年阶段是人生的“拔节孕穗期”，最需要精心引导和栽培。

——新时代思想政治理论课教师的要求:“政治要强”“情怀要深”“思维要新”“视野要广”“自律要严”“人格要正”。

——思政课改革创新应深刻把握“八个相统一”。

(3)勤于行动研究

国家政策法规属于宏观层面的指导性文件，如果只是政策学习却不能与实际相结合，那政策的指导性就会大打折扣。所以，依法执教不仅要在职业院校班主任的意识之中，更要在职业院校班主任的教育教学行为之中。

比如，我们学习习近平总书记在纪念五四运动 100 周年大会上的重要讲话精神，可以以主题班会课的形式来进行应用学习，围绕学习目标来策划主题班会环节，明确各环节设计及意图（如图 2-5 所示）。

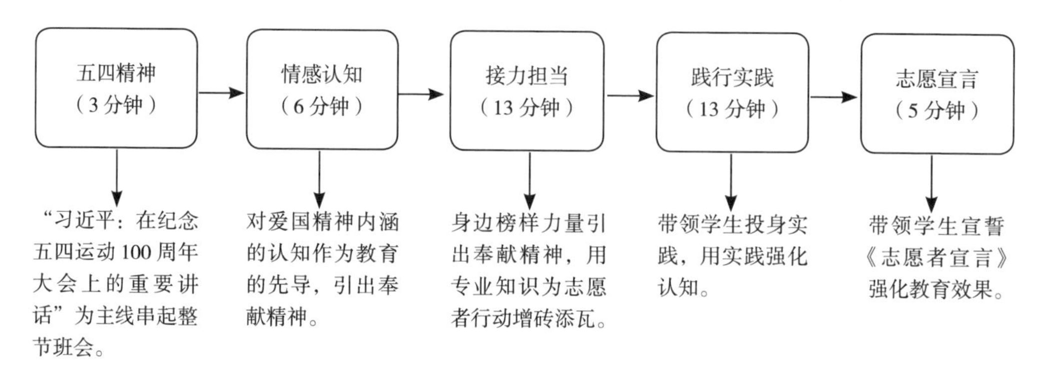

图 2-5　主题班会环节设计及意图

综上，职业院校班主任要实现依法执教，既要加强相关国家教育政策法规的学习提升，也要在自我学习、对外宣讲和行动研究上下功夫。

今日练习

整理出自己的政策文件夹。

学以致用：在学习教育基本理论和教育名家思想上下功夫

今日案例

先问自己最喜欢哪位教育名家的教育思想

远方的刘老师急急地在微信上发消息问我："梅老师，学校领导临时派我去参加班主任大赛，我本科不是师范专业，担心笔试过不了，请您支着儿。"之后，她发给我一个文档目录截图，截图上是一系列笔试试题、基础知识等。当时我正在开会，一眼扫过去文档目录有一长溜，内容很多。我简单回她两个字"读书"。

会后，我担心刘老师觉得我回答得过于简单，又和她电话联系了一下。

刘老师是临时被学校派去参加班主任基本功大赛的，很多老师都不愿意去。她是学校德育工作负责人，学校领导说："既然没人去，就你去应付下吧。"

刘老师对我诉说："真的不好应付啊！要读的教育名家思想实在太多了！这么短的时间，我怎么背得过来？！"

我问她："先说你最喜欢哪位教育名家的教育思想？如果不是为了比赛，你会在班级管理中模仿谁的做法？"

刘老师说她最喜欢苏霍姆林斯基的教育思想。

我说："那行！因为时间关系你就精读这"境外老苏"的教育思想，至少记住他的五句教育名言，找出你在班级管理中与他教育思想的相通之处或者是他的教育思想对你有所启发的地方。至于其他的教育名家思想可先了解大概，如能和苏霍姆林斯基的教育思想进行对比分析就更好了。"

比赛结束了，虽然刘老师没有获得特别优异的成绩，拿到了二等奖，但从此以后，我发现刘老师经常在朋友圈发读书笔记了，当然还是那位“境外老苏”的最多。这才是大赛的根本意义所在。

今日导练

众多优秀的班主任成长路径都有一个普遍规律：读书—写作—形成教育思想。读书是必须经历的路径。作为班主任，我们要做到“腹有诗书气自华”，而不能“书到用时方恨少”。

第 10 天，我强烈建议职业院校班主任应该多读一些教育名家的教育思想，因为很多教育学、心理学和教育心理学的知识就蕴含在教育名家的教育思想之中。

今日精进

什么是教育思想？

教育思想是指人们对人类特有的教育活动现象的一种理解和认识，是人类对社会和教育认识、思考、概括和论证的结晶，也是人类不断探寻教育规律的结果。教育思想会有很多种类型，比如教育理论、教育学说、教育思潮、教育经验、教育信念、教育建议、教育主张、教育言论、教育理想等。不同历史时期的教育名家，根据时代要求，提出了各具特色的教育思想，他们的教育思想对当时乃至今天的教育理论和实践产生了广泛而深刻的影响。

比如，中国的教育思想有：孔子的“有教无类”、老子的“为道日损”、王守仁的“体悟”与“磨炼”、朱熹的“朱子读书法”、陶行知的“生活教育”、陈鹤琴的“活教育”、黄炎培的“大职业教育”、晏阳初的“化农民与农民化”等。

比如，外国的教育思想有：古希腊苏格拉底的“精神助产术”、夸美纽斯的“泛智教育”、卢梭的“自然教育”、裴斯泰洛齐的“要素教育”、赫尔巴特的“主知主义教育”、杜威的“实用主义教育”、蒙台梭利的幼儿教育思想、赞可夫的“教学与发展”、苏霍姆林斯基的“促进学生和谐发展”、罗杰斯的“人本主义”等。

虽然这些教育名家早已故去，但他们留下的教育思想却依然焕发着活力。我们要在读书中与他们的教育思想进行对话、碰撞、感悟，从而形成对自身专业的职业认知和职业情感，提升职业价值感，激发自我专业成长的动机。

1. 要能学有所得

我们案头会堆着一大堆书，可并不是你的书堆得很高意味着班主任工作水平很高，只能表明你还是爱学习的。怎么能够知道你是否学有所得？那就要看你是否能够学有所用。

职业院校班主任基本功大赛，则是以一种比较带有挑战性和冲击力的方式来对我们的学习所得进行检查。教育基础理论知识的检测形式有两种，一是笔试，二是面试。笔试侧重检查基础知识，面试侧重检查灵活运用，但只是相对。比如，在笔试中你有可能遇到案例分析，在面试中你也可能要直接阐述相关的政策规定或者理论要点。也就是说，融会贯通是积累教育理论基础知识的最好状态，我们应努力追求。

教育思想来源于看得见摸得着的教室、教科书、学生，来自于活生生的教育实践。在日常工作中的实践运用，我们要有意识地和自己的过去比赛，不断地提升建班育人的能力，不断推动自身的专业化成长。在看待职业院校班主任基本功大赛上，我们要关注的其实不是形式上的比赛，而是备赛的过程，是由积累到运用的过程。

职业院校班主任在学习教育基本理论和教育名家思想时，最重要的“学有所得”是要能够正确建立自己的“学生观”“教师观”和“师生观”。

你怎么看待学生，就是你的学生观。我们强调要正确看待职业院校学生：学生是发展中的人、学生是独特的人、学生是独立的人。

你怎么看待教师，就是你的教师观。我们强调要做专业化的教师、要做热爱工作的教师、要做学生成长的重要他人，等等。

你如何理解良好的师生关系，就是你的师生观。我建议，和谐、平等、对话、民主等关键词可以成为你学习的密钥。

2. 学会精简学习内容

精简，就是去掉多余的，只留下必要的。比如，在写这本书时，我从书架上筛选出一些必需的书带到了办公室里，有时间就一个人静静地学习与写作。写作是我的一个重点工作，而这些书就是我必要的学习途径。

我们在复习心理学基本理论时，会发现流派很多，专业性特别强。我建议职业院校班主任可以更多侧重于教育心理学的学习，即如何把心理学的理论或研究成果应用到教育上。我提醒职业院校班主任不要贪多求全，应抓住一个概念就深入理解一个概念。

比如，学生常常会遇到习得性无助，那我们可以想：什么是习得性无助？班主任如何去打破学生的习得性无助帮助他们重新树立自信？除了学生，家长和教师自身是否也存在着习得性无助？从这些问题的探索中来深刻把握习得性无助的内涵及其对职业院校班主任工作带来的启示。

我们在学习教育名家思想时，会发现古今中外，名人辈出，思想浩如烟海。请记住：你不是高级的计算机，那些对你而言只是信息。你能够调用的信息才是属于自己的知识，专业能力是在知识的运用中提升的。

学习名家教育思想，就是学习如何用理论的视角看待教育世界。这时候，需要的是找出自己喜欢的几位教育名家，没有必要把所有教育名家的思想都放进你的学习筐。你要沉下心去读他们的理论，然后有意识地运用他们的理论到自己的德育工作中去。

比如，我们学习了卢梭的自然教育理论，就会自觉抵制“儿童就是小大人”“棍棒底下出人才”的错误认识和观念，树立起“把儿童当作儿童”的正确观念，用自然教育理论指导和规范我们的教育行为。

因此，我们要阅读积累教育名家的教育思想，积累他们围绕着有关教育的问题做出的解答，然后逐步进行内化，化为己用。

3. 努力形成逻辑体系

在学习教育基本理论和教育名家思想时，我们还要学会把这些精简的内容串联起来，形成逻辑体系。

用什么串联起来？一是职业院校班主任的工作职责，二是职业院校德育工作大纲。班主任可以画出一个逻辑路线图来。比如德育大纲规定要特别关心经济困难家庭的学生。班主任可以围绕这个话题思考：国家有什么资助政策？经济困难学生的心理如何？经济困难学生身边人的心理如何？可以把一个话题做成一个小卡片，随时翻看。

最好的串联方式是在运用中进行。从现在开始，只要遇到工作问题，就想一下什么政策？什么教育理论？什么心理学效应？我们反复在说知行合一、工学结合、理实一体，这些不仅是对于学生的要求，也是对于我们自身的要求。

比如，我在比赛中发现越来越多的选手是富有工作经验的老师。一位有一定工作年限的老师，哪怕她没有经过所谓的师范生教育培养，但她的工作经历使得她站在那里就可以侃侃而谈。我曾听一位优秀的班主任分享交流，她说她曾经拿到过班主任基本功大赛二等奖，可当时她是临时被领导派去的，啥也没有准备。很多理论知识一窍不通，可是她尽力在笔试时把每一道论述题都写得满满的，在面试时对着镜子反复练习演讲她的教育故事，因为源于一线，她的面试得到了第一名。

所以，不是师范生出身的教师也不用太多紧张，工作的经验无法短期替代。

最重要的其实是工作经验的积累。

某天读到一句话："有些智慧就是跟皱纹联系在一起的。"我很有感触。坚持做好日常的班主任工作，我相信我们都会获得专业成长的。

4. 多渠道汲取营养

古人云：学然后知不足，教然后知困。相信很多教师在职业生涯中都遭遇过迷茫，如果我们不主动去读教育名家的教育思想，不去学习符合学生身心成长规律的教育基本理论，我们只能像拉磨的驴子一样在原地转圈，以蜡烛精神激励着自己，可这样的境况并不是我们期待的职业院校班主任应有的工作状态。

如何有意识地去积累一些教育名家的教育思想？我再做一点归纳总结。

（1）有意识地"偷师"学习

回想我的个人成长经历，过去的教师培训并不多，也不像今日身边有那么多的"草根"教育家给我们写书分享，更没有互联网的学习便利。我对于教育思想的学习，一般来源于身边的优秀老教师的经验分享交流。有时候，老教师说到某件事的处理、某个知识点的讲授方法时，会不自觉地和自己对比，常常会在一个点上豁然开朗。所以，建议青年教师多和身边优秀的教师对话。

如今，名师工作室的形式，也是一种很好的学习共同体组织方式。

（2）主动地承担任务

青年教师参加各类赛课的机会很多，以赛课来促进学习，非常快速而高效。究其原因，我感觉是因为更为专注。过去没有网络，没有浩如烟海唾手可得的优秀教案，书本就是最好的老师。我可以反复看于漪老师的教案，反复读语文期刊上的论文。所以到现在我也不太会追求读多少本书，遇到喜欢的书还是会回过头来反复读。不是为了读而读，常常是为了用而读。换言之，平常是略看多看，遇到需要会立即想起何时读过什么，再回头找它，犹如回访旧友一般。

所以，我总是建议青年教师不要对下达的各类比赛任务抱怨，其实那是你成长的加速器。

（3）静心地科研积累

如果说比赛是特定时间的短期行为，那科研则应该是长期行为了。我反对将科研弱化。不是每位一线老师都能写出逻辑性强、学术水平高的学术性论文。可是我们可以写出教育随笔，记录教学心得，这点我们每个人都应该做到。

看到一线班主任做科研的画面，我总会想起袁隆平教授在田间地头的样子。我们的科研也要接地气，只有脚踩教育田野，才能感悟教育名家的思想，也才能写出活生生的教育思想。

我读陶行知先生的文章，用现今论文发表的标准可能很多都不合格，可是我喜欢读，因为他的生活教育理念。我看现在老师喜欢读的文章，很多仍旧是那些接地气的大白话文章。所以，我建议一线教师多做微科研，多写“草根式”文章，这其中乐趣也自是无穷的。

互联网让我可以关注到很多优秀教师的自媒体公众号，学习到许多；也让我们明白，只要愿意读书、愿意研究，教育名家的教育思想其实离自己并不遥远，教育基本理论知识也并不那么深奥难懂。

今日练习

在众多教育名家的教育思想之中，你认同并能在职业院校班主任工作实践中践行的有哪些？把它们写下来。

第11天

打动他人：在教育故事演讲上下功夫

今日案例

我写了个家长里短的教育故事

我很久没和母亲好好地聊天了，以工作忙碌为理由，平日里能够记得打个电话报平安就很不错了。

有一天加班回家时堵车，我给母亲打通了电话。

母亲告诉我，住在我们小巷顶头的老太太去世了。离开家乡三十多年了，我还记得那个老太太，很利利落落的一个人。

母亲说老太太走得有福气，九十多岁高寿，四个女儿一个儿子。卧床期间，四个女儿轮流照看，毫无互相埋怨推诿，街坊四邻啧啧称赞。

然后，母亲又告诉我，我家一个远房亲戚，也有四个女儿，老太太也是生病在床上。

四个女儿中只有一个女儿愿意照顾妈妈，但整日里一个人照料也很累。其他三个女儿都说谁家里不忙啊，有的来打个照面就走了，有的干脆来和老太太说你走路慢点，倒下来我们没时间来的。

人老了，就会期盼着儿女孝顺。

我和母亲说，那要看当初母亲有没有教育好自己的孩子。

陶行知先生说："是那样的生活，就是那样的教育。"

小时候我家那远房亲戚对四个女儿不是公平对待的，一碗水没有端平，姐妹之间常有较劲儿。

后来，四个女儿各自出嫁成家立业，平日里不碰面。但每年春节大团圆时，总有故事发生。不是这个女儿坐在灶门前抹眼泪，就是那个女儿觉得父母亏待自己当初嫁妆给的比其他姐妹少了。

再后来，又是下一代之间的互相比较。

过什么生活，便受什么教育。

很多很多年后，当初有怎样的家庭生活就给了孩子怎样的教育。

今天，我想补上自己的思考，当初有了怎样的教育就有如今怎样的生活。

有怎样的生活，就有怎样的教育。

相辅相成的是，有怎样的教育，也就会有怎样的生活。

所以，教育要从娃娃抓起，要从家庭开始，要从父母亲做起。

协助学生扣好人生第一粒扣子的第一个人是家长，从现在开始就努力学习做个好家长吧。

于是，我写下了这个家长里短的故事——是那样的教育，就有那样的生活。

今日导练

你是一个会讲故事的人吗？

你是一个会讲教育故事的班主任吗？

你是一个会从讲教育故事之中获得学习与成长的班主任吗？

第 11 天，我们一起来学习如何在教育故事演讲上下功夫，如何去发掘教育故事中的教育意义，从而打动别人。

今日精进

在职业院校班主任基本功大赛的赛项中，教育故事演讲问答项目的设计目的在于，通过职业院校班主任叙述教育故事的方式，来考查其育人能力、组织管理能力、人际沟通能力及语言表达能力。

我不止一次地听到职业院校班主任抨击教育故事演讲存在着表演痕迹太重的弊端，并不停地建议取消这个项目。其实，即使它不再是比赛项目，成为一个会讲教育故事的人仍然是职业院校班主任专业成长的必备技能之一。

1. 学习建立故事思维

亚里士多德说："我们无法通过智力去影响别人，情感却能做到这一点。"

如果现在让你对着我们这些同行，讲一个教育故事，你又会以什么来打动我们呢？首先我们要建立故事思维，一起来看图 2-6，判断自己的思维方式。

图 2–6　判断自己的思维方式

你看到了什么？先以白色为背景色，可以看到两个人像；然后以黑色为背景色，可以看到一个花瓶。

你会发现，我们可以快速地来回切换。当我们看到人像的时候，花瓶就会消失；当我们看到花瓶的时候，人像就会消失。这就像我们“看到”故事一样，一旦我们学会在理性思考（花瓶）和故事思维（人像）之间切换自如，我们就能找到事实上正确、情感上也得到满足的正解。

美国作家安妮特·西蒙写作了《你的团队需要一个会讲故事的人》，引导我们用自己的故事打动周围的同事——再以此分享自己的热情所在和目标。简单地说，一个简单的故事可以使得人们对人际关系、价值观和目标产生认同感。

会讲故事的商家容易把他们的商品兜售出去。比如，有商家想卖行李箱给顾客。他们从男人爱买装备这一点说起，讲述一位独立的女性奔波在路上时的种种尴尬，然后这位女性痛定思痛只能靠自己，决定也得寻找一件称手的兵器——某某行李箱。最后，你会发现大多的独立女性会买下商家的行李箱。

你有没有发现？打动那些女性的其实不是行李箱的“称手”，而是行李箱故事背后的“独立”。讲故事是为了打动别人，打动别人是为了让他们情感和行为上发生改变，而让别人行为上发生改变的关键并不只是提供正确的方式，还要让他们想做出改变才行。

这就是我们要建立故事思维的重要性。倘若班主任能够把故事讲到学生心坎里去，那会是班主任一件非常厉害的“兵器”。如果班主任想激励学生而不得要领，那不妨先讲个榜样故事；如果班主任要让学生理解一个高大上的道理要免于说教，那也可以先讲故事。

同样，你对着我们这些同行，来讲你的教育故事，实际上是在向我们展示自己的教育主张和教育方法。

2. 学习教育故事的设计技巧

那些好莱坞大片都是会讲故事的样本，所以喜欢看的观众很多。

美国罗伯特·麦基和托马斯·格雷斯合著的《故事经济学》中指出：故事是一系列由冲突驱动的动态递进的事件，在人物的生活中引发了意义重大的改变。

如图 2–7 所示，我们可以把故事展开的逻辑技巧画出来。

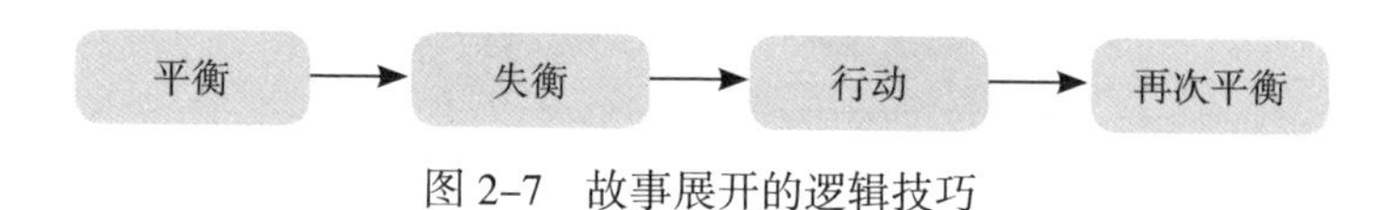

图 2–7　故事展开的逻辑技巧

这是故事展开的逻辑性。比如，前面提及的那个营销故事，刚开始顾客是看不出来销售目的的，然后一层一层地看下去，最后豁然开朗，故事的最后承载着的是价值。

比如，学生在某次升旗仪式上唱国歌敷衍而过，当时他们心中是平衡的，因为当时别的班级也是这样。然后，你就要去寻找一个教育契机，你发现学生观看《厉害了我的国》这部影片后爱国热情高涨，你就把影片主人公手举国旗的一幕与他们升国旗时的表现做个对比，你会发现不用你多说，学生内心原有那种平衡被打破了。然后，你就可以用一个又一个行动引导学生，最后学生会以崭新的面貌出现在升旗仪式上，他们获得了新的平衡。

这时你会发现，好的教育故事也一定能在学生的生活中引发重大意义的改变。寻找教育契机，引导学生从一个平衡到达下一个高层次的平衡是班主任教育智慧的闪现。

3. 从故事写作中学习

故事是过去已经发生过的事件。教育故事不仅是简单的经验教训，还是供自己学习的素材。哪怕是失败的故事，你也要找出它存在的意义。

（1）将故事写作与现实生活感悟相链接

倘若你没有机会上台讲故事，那就不如像很多优秀班主任那样，打开电脑，敲打键盘，把你经历过的故事一个个地写下来，你可以写新发生的事、重大的事、失败的事、成功的事，只要你有感悟的都可以写下来。

一方面，现实生活给我们提供了写作的素材；另一方面，写作可以帮助我们更加深入地理解和投入到现实生活中去。当立足于现实生活之中时，我们再来学习写作教育故事就是非常自然的事了。

（2）将故事写作与教育实践复盘相链接

教育故事演讲是以第一人称的方式讲述自己教育学生、管理班级中的真实、典型、有意义的教育事件，以及由此产生的教育感悟。

讲故事是希望班主任老师能在重新梳理过程中去深度地思考：在这些事件中我悟出了什么？这就是我在前言中说到的复盘。

复盘是我们重新检视过去经历的一种方式。没有人想在同一个地方摔倒。复盘就是给我们提供了这样一个重新反思并规划自己今后行为的机会。有人做实验，把苍蝇和蜜蜂同时放进一个房间，苍蝇只会四处乱撞，蜜蜂却懂得碰壁之后改变路径，最后飞出房间。如果班主任不想成为那些四处乱撞的苍蝇，就要学会复盘。

复盘的本质是学习。不识庐山真面目，只缘身在此山中，这不是复盘。做复盘时，我们得站在旁观者的角度，对我们教育的得失进行分析，得出经验和教训。如果学会复盘，我们就会知道下一次可以怎么去做。

以我指导工作室成员徐老师写的一个教育故事为例（见例 2–2），徐老师就是从故事写作中不停地进行反思，从而获得成长。

【例 2–2】 弱将手下有强兵

2015 年我中途接手了一个班级，开学第一天满怀热情地来到班上。我想有着优秀班主任头衔的我，一定会受到大家的期待，可是推开教室门我竟然看到一双双失望的眼睛，压制住心中的疑惑，做完了自我介绍。我刚讲完，就听到一个男生说："不是蒋老师，我们谁都不欢迎！" 声音很小但却那样清晰，清晰到我现在都还记得。那时的我觉得彼此间心灵的距离是那样的遥远。

我想此时如果用班主任的权威去管理班级得到的一定是更大的抵触，那我何不学会巧妙地示弱，适时地放手，来激发学生的潜能呢？

第一次班会课上，我尝试着放下身段跟学生聊天："对于这个大家庭来说我是个新人，还需要大家多关照，那有没有哪位同学愿意给我介绍一下我们这个大家庭啊？" 大部分同学只是用略带惊讶的表情看着我，我庆幸有那么一位热心的同学站起来把班上的班委、课代表等一一做了介绍，介绍到个别同学的时候，也会有人跟我说上一两句打招呼的话，因为我的示弱让我与学生有了第一次正常的交流。

开学没多久，学校要举办歌唱比赛，我就想何不利用这个机会来拉近我和学生的距离呢？“同学们，学校要举行唱歌比赛了，我想在班级先举行一次选拔赛，虽然老师五音不全，自己都唱不好，但是我还是希望我们班级能在这次比赛中拿到成绩，这可怎么办呢？”当着全班同学的面，我郑重其事地说了上面的话。

教室里寂然无声，三十六双眼睛齐刷刷地看着我。沉寂了一会儿，终于有人打破了沉默。小周同学勇敢地站了出来：“老师，不必担心。这个任务就由我和文艺委员来负责吧，我们可都是校合唱队的，您放心。”呵，正中下怀，我欣然同意。

这两位同学组织大家选歌曲，定队形，精心排练。我虽然不是主角但也全程参与，不管是活动课还是晚上，我都坚持陪着大家练习，还会适时地说说我这个“外行”的观点，在大家与我讨论的过程中我发现了一些学生对我的态度发生着微妙的变化。比赛前一天晚上大家排练到很晚，而我一直默默地坐在下面看着，结束的时候已是晚上九点多，大家都准备回宿舍时，两个女生突然问我：“老班，这么晚了你怎么回家呀？”那一刻我突然被感动了，“老班”这个词在这个班级第一次听到，而学生对我的关心在八年的教育生涯中第一次听到，原来我总认为班主任在学生心目中应该是强势的，应该是永远精力旺盛、充满激情的，但是这一刻有学生关心我，我感到好幸福。

夜色阑珊时，走在回家的路上，我感慨万千。看着满天的繁星我像是看见那三十六张可爱的脸庞，如果不是这夜色怎么能凸显出他们迷人的光芒。锋芒毕露的班主任，固然会以强势的风采赢得学生崇拜的目光；但收敛自己的锋芒，才会让学生展示自己的光彩。

4. 学习讲好教育故事的关键

讲好教育故事的关键在于要做到三个“以”——以真感人、以情动人、以德化人。

（1）以真感人

教育故事应该是自己亲身经历的，是真实的。

（2）以情动人

教育故事应该是有情节的、有情绪的。

（3）以德化人

教育故事应该是有教育启迪意义的。讲故事的目的是分享教育智慧。比如，例 2-2 中徐老师最后的感悟是：锋芒毕露的班主任要学会收敛自己的锋芒，这样才会让学生展示自己的光彩，引人深思。

要讲好教育故事，最关键的是多读多写多反思，读得多了你就会有感触，写得多了你就会多反思。

今日练习

回想今天发生了哪些事？哪件事让你最有感触？试着将它写下来吧。

第12天

引领成长：在主题班会方案设计上下功夫

今日案例

这是危险的“伪装者”，你可别上当

顾老师是我名师工作室里的成员。所以，当她进入市级禁毒宣传教育比赛最后决赛环节的时候，她来找我问能否给她一些主题班会设计的指导。

顾老师最后的决赛项目有两个，一个是一节6分钟的微型班会课，一个是个人才艺表演。她是个钢琴老师，才艺表演没有问题。她最着急的是那节6分钟的微型班会课，初赛结束时专家建议她要重新打磨自己的班会课。

“我们一般上40~45分钟的班会课，我的天！6分钟的班会课我自己也从来没有上过，最多是5分钟的主题班会说课设计。”顾老师焦虑地说。

留给顾老师的准备时间只有两天半。那天我接到顾老师的电话后，马上在名师工作室成员的微信群里发布求助信息：“请各位老师把你们手头上现有的有关禁毒教育的所有资料发群里来。请在我学校附近的老师中午抽出一个小时到工作室里碰头商量，共同备课。至于大家的午饭，我安排了盒饭，大家一边吃饭一边头脑风暴吧！”

中午11:30，小伙伴们都到了。顾老师先讲述了微型主题班会课的设计，她虽然讲了很多禁毒宣传要点，但似乎没能给我们留下深刻的印象，她只是在6分钟内快速地讲完了自认为需要讲的知识点。

这是我们教师经常犯的错误，我们要么总一股脑地想把所有的需要讲的内容塞给学生，有好多是新瓶装旧酒反复讲一些学生早已知道的内容。无疑，禁毒宣传教育需要选择一个明确的主题切入，而且要真的能让学生有所得。我让小伙伴们一边吃盒饭一边介绍各自带来的材料，我们约定大家对哪个知识点觉得眼前一亮就可以叫停！幸运的是，不到十分钟，我们就一起叫停了一份材料。那是一段关于毒品“伪装者”的小视频。

又看了几遍，我们锁定以此为切入点，确定主题：这是危险的“伪装者”，你可别上当！

接下来，就是要像剥洋葱一样地来引导学生认识到“伪装者”的危险性，以及如何来识别“伪装者”，拥有无毒青春。

之后，我们一起讨论危险在哪里？比如，危险的食品、危险的地方、危险的人。

如何才能让学生意识到这些危险呢？我们决定讲故事。大家七嘴八舌地讨论出来了一个贴近学生实际生活的叶子的故事：“叶子是个很乖的小女生，可是叶子一不小心就沾染上了毒品。这是个周末，叶子和同学走在校园里，这时，迎面走来了一个人……”

顾老师很努力，在最后的比赛中一举获得了决赛第二名。最重要的是，配合顾老师上课的学生们都认为这节课虽然只有 6 分钟，但感觉很受触动，对于那些毒品的“伪装者”有了警惕心和识别力。

今日导练

主题班会是班主任的教育主阵地，要围绕一个主题，根据学生的兴趣和身心发展的特点，以学生为主体，在班主任的组织和指导下，通过各种教育方法，采取丰富多彩的教育形式，以达到一定的教育目标。

在职业院校的课表里，一般每周会安排一节班会课，设计班会课是职业院校班主任每周必做的规定动作，是班主任的“看家本领”。

在第 12 天，我们一起来学习如何做好主题班会课的设计，并利用主题班会课来引领学生成长。

今日精进

主题班会课是班会的一种类型，但它不同于布置工作的班级例会。主题班会课的功能是德育功能，是学生进行自我教育的有效方式。和其他课程一样，主题班会课也有教育效果的好坏之分。

1. 主题班会方案设计的“两个有”

好的主题班会课是有效的，其有效性主要体现在：有利于促进良好班风的形成、有利于促进师生关系的和谐、有利于引领学生健康成长等。

好的主题班会课至少具备两个“有”的特征：一是要有意义，二是要有效果。

（1）有意义

有意义即“上接天线”，主题班会的立意要向上，认真贯彻落实立德树人这一教育的根本任务。我们要培养学生成为国家需要的人才，培养德智体美劳全面发展的社会主义建设者和接班人。

（2）有效果

有效果即“下接地气”，班会每个环节的设计意图要符合学生实际状态和成长需求，要实实在在地引导学生主动参与，要能让学生从主题班会中有所收获。我们要关注学生的成长，要为学生的整个人生服务，引导学生积极向上地成长。

主题班会课很容易走入两个误区：一个是只见活动、主题不明的“放羊式”班会，这种班会课往往美其名曰“学生为主体”，班主任完全放手不管，班会课成了学生自由活动课；一个是主题明确、活动僵化的“说教式”班会，这种班会课上，班主任秉承着“教师为主导”的理念，以说教训导学生为主，在滔滔不绝中一节课转瞬过去，这样的教育效果也不会很好。

2. 主题班会方案设计的“两个部分”

主题班会方案设计一般包括两部分：一是总体设计，主要包括班会题目、教育目标、班情分析、设计思路、活动准备等；二是实施过程，主要包括教育方法、内容安排、实施步骤、总结反思等。

下面我们一起来看两则主题班会方案设计题目（见例 2–3 和例 2–4）。

【例 2–3】 2019 年 11 月 6 日，某网民在其微博上发布了一篇题为“某市滨湖区景湾工厂发生特大食物中毒事件，多家医院联合抢救上百名中毒员工”的微博文章，引发网民关注。11 月 7 日，该市公安网安部门会同属地公安机关迅速将涉嫌造谣的网民邓某某（女，26 岁）锁定。邓某某被处以行政拘留五日的处罚。

请根据材料和所教学生的年级、专业特点，设计一节（45 分钟）主题班会方案。

【例 2–4】 请围绕班级文化建设，根据你所教学生的年级、专业特点，设计一节（45 分钟）主题班会方案。

例 2–3 是我为 2019 年某国赛设计的一则赛题，属于材料式题型；例 2–4 是我给我校班主任教师设计的赛题，属于命题式题型。材料式题型首先要认真审题，分析其中蕴含的主题要求。

然后，我们开始围绕主题进行主题班会方案设计，在设计过程中要逐一把“总体设计”和“实施过程”两个部分的各个要点一一落实，且要注意前后逻辑的一致性。

（1）班会题目要突出主题要求

例 2–3 材料指向的是职业院校班主任要能引导学生树立网络安全的意识，引领学生养成文明上网的行为习惯。我们经过认真审题明确主题后，就要首先拟定能够体现主题的班会题目。

有选手拟定的题目是“虚拟世界守法规，文明上网护青春”，前半句“虚拟世界守法规”抓住了网络世界的虚拟特点，提醒学生网络不是法外之地，人人需要守住法规；后半句“文明上网护青春”抓住了职业院校学生对网络世界提供的种种信息充满着极大兴趣的身心特点，从引导学生实施自我保护的角度出发，提出学生要文明上网。

这样的题目设计非常优秀，精准地传达了班主任准备带领学生上一次网络安全法制教育的主题班会课，但我们还看不出太多的说教意味，既很有意义，又颇有效果。

例 2–4 的命题式题型直接给出了主题要求，有个班主任带的是幼儿教育一年级新生班，她的主题班会题目为“蕴幼师情，建爱心班”；而另一班主任带的是工业机器人专业一年级新生，她的主题班会题目则为“携手未来，打造‘创新之家’”。很明显，第一个班主任想建设一个爱心班集体，而另一个班主任想建设一个创新班集体，从题目中已体现出各自特色。

（2）教育目标要准确、具体、适宜

教育目标是我们通过主题班会的开展希望学生在哪些方面获得成长，一般从认知、情感、行为三个层面来进行设计。认知层面，希望学生掌握哪些知识和内容；情感层面，希望学生获得什么样的情感体验；行为层面，希望引导学生发生什么样的行为改变。

比如，主题班会方案“虚拟世界守法规，文明上网护青春”的教育目标应设定为：

认知目标：学生学习和认识网络安全的概念和内涵。

情感目标：学生能够接受合法上网的法规要求和重视网络安全，培养法制观念，树立守法意识。

行为目标：学生能够合法使用网络，遵守网络安全法规。

又如，围绕着班级文化建设的主题，以“蕴幼师情，建爱心班”为题的主题班会设计方案确定的教育目标是：

认知目标：明确爱心作为班级文化核心理念的必要性和重要性。

情感目标：认同幼师的使命感，树立以爱为本的班级爱心精神。

行为目标：以爱心信念为行动准则，从一言一行中践行爱心。

（3）班情分析要突出学生发展和所学专业实际

我们进行班情分析时，不能泛泛而谈，一定要聚焦于主题。主题是主题班会之“魂”，班会题目来源于主题分析，教育目标来源于主题需要，班情分析同样需要聚焦于主题，并紧扣住班会题目和教育目标来进行分析，结合学生发展和所学专业实际分析：学生已经拥有什么，还缺失什么，希望达到什么目标。

比如，以“蕴幼师情，建爱心班”为题建设班级文化的选手在进行班情分析时，总结为学生“一有二少”。

有热情：喜爱幼儿教育专业，对专业充满新鲜感。

少认知：少班级文化与专业特色关系的认识。

少引领：少爱心对于现阶段实际行动的激励和引领。

以“携手未来，打造‘创新之家’”为题建设班级文化的选手写出的班情分析是：

学生对智能科技充满了兴趣，但对专业的学习和未来的发展不明确，并缺乏创新精神与创新意识。

（4）班会内容要围绕主题逐层展开

主题班会课也是课，设计思路需要遵循教育教学的规律，遵循学生认知的规律，还要注意遵循思想政治教育的规律。我建议我们应沿着“知—情—意—行”的思维顺序来进行设计，围绕着主题逐层展开，且在每一个环节都能明确其背后的设计意图。比如，表 2–3 展示了“携手未来，打造‘创新之家’”的设计思路。

（5）班会形式要新颖多样和突出创新

常用的班会形式有教育、讨论、辩论、演讲、交流、展示、体验、表演、音频、视频等，创新的班会形式有心理辅导游戏、远程连线等。选择班会形式要基于班情分析、指向教育目标、突出班会主题、体现职教特色，同时还应具有可操作性，切忌过于娱乐化的设计或者组织不符合主题的活动。

比如，以“蕴幼师情，建爱心班”为题的主题班会设计方案中设计了丢手绢的游戏环节，通过创设回归童年的情境，找寻爱心。

表 2-3 “携手未来，打造‘创新之家’”的设计思路

题目：携手未来，打造“创新之家”			
实施环节	导入	视频“机器人来啦”（3 分钟）	了解 2018 北京机器人大会
	环节一	智能世界，创新为本（10 分钟）	活动一：预见新科技，“TA”比过去更懂你
			活动二：且学且创新，有挑战才能有发展
	环节二	专业发展，创新为要（13 分钟）	活动一：身临其境，科技创新才能赢得未来
			活动二：脑洞大开，让创新从“1”到“N”
	环节三	家的起点，创新为锚（12 分钟）	活动一：“家”有设计，教室环境诠释创新
			活动二：“家”有歌声，班级精神铸造创新
			活动三：“家”有妙招，自我管理融入创新
	总结反思	总结、反思、拓展（2 分钟）	
设计亮点		沿着知—情—意—行的思维顺序，选择与学生专业紧密联系的创新精神作为教育内容，贴合实际，并用创新手段打造班级文化，易使学生产生共鸣	

（6）班会过程要以学生为主体和突出师生互动

苏霍姆林斯基曾经说过：“只有能够激发学生进行自我教育的教育，才是真正的教育。”一节主题班会课是否是成功的班会课，最直接的评价主体不是专家评委，而是班级的学生。这就提醒我们应该去关注在主题班会中学生是否真有所得。

主题班会的设计过程其实不应该是班主任一个人闭门造车，而应该突出学生为主体的设计理念。学生喜欢什么样的题目，学生喜欢什么样的活动内容，学生喜欢什么样的活动方式，都会给我们职业院校班主任带来充分的设计灵感。主题班会课应该是班主任和学生一起设计、一起完成的。

必须指出，主题班会课的效果会蕴含于活动实施过程之中，主题班会课的方案设计得再完美，也比不上班主任带着学生“真枪实弹”地操练一回，再回头看看效果到底如何。所以，对于参加比赛的选手我会建议他们必须实实在在地到班级里去好好上班会课。

当到班级里上过班会课之后，你可能会发现：主题班会的设计方案不能纸上谈兵，设计之后需要实践，实践之后需要反思。我校那位幼师班级的班主任老

师和学生一起设计了很多方案，最后她决定把上课的地点从教室搬到了操场（见图 2–8）。

图 2–8　主题班会现场

课后她写下反思：

本次课在户外进行，让学生回归童真。以游戏导入，且活动丰富、参与度高。通过家校、校企间的合作，丰富教学方式，学生反馈较好。但班级文化仅从这一节课并不能完全塑造，应该根据不同的目标、系列性地进行开展。针对班级文化这一主题，接下来我将从班级规章制度的制定等不同的层面继续展开。

相信各位老师通过学习和练习一定能够设计出好的主题班会课。期待各位老师在今后工作中能够练好这个看家本领，引导学生在成长的道路越走越宽广。

今日练习

请围绕班级文化建设，根据你所教学生的班级、专业特点，设计一节（45 分钟）主题班会方案。

第13天

实战提升：在模拟教育情境答辩上下功夫

今日案例

在班级管理中，你有什么问题呢？

经常有老师问我，中职班主任基本功大赛中模拟教育情境答辩的那些题目是从哪里来的？我告诉他们就是从一线班主任那里来的。

因为疫情缘故，很多班主任专业能力提升的培训由线下转到了线上，我也在学着适应，但总是觉得没有面对面沟通的顺畅，组织者通常也是同样感受。

于是，在给福州地区骨干教师培训之前，我问学员：在班级管理中，你有什么问题呢？当我拿到了组织者发给我的来自一线班主任的问题时，如获至宝。

班主任们的问题有很多，比如：

遇到软硬不吃，屡教不改的学生，班主任应该怎么办？

在不体罚的前提下，如何制定并有效执行班规？

家长不配合班主任怎么办？

有心理问题的学生如何悄无声息地进行辅导？

……

那天，我把这些题目打印出来给另外一批班主任老师来进行讨论解答，让他们根据自己的工作实践提出科学合理的解决措施。半个小时我们只能讨论两个问题。如果全部来讨论，我估计就算整整一天也说不完。但这样的学习效果却非常好，人人都是学习者，人人也都是指导者。

事实上，这样的问题在一线班主任那里随处可见，而这样的模拟情境答辩式的学习也应随时进行。

今日导练

“模拟教育情境答辩”是职业院校班主任基本功研学提升活动中一个重要赛项。此赛项突出考查班主任全面正确履行工作职责、运用政策法规和教育理论解决班级管理实际问题的能力。在目前已有的赛项中，“模拟教育情境答辩”因其具有的实战性和挑战性，成为大家公认的难度系数最高的一个赛项。

在第13天，我们一起来学习如何进行“模拟教育情境答辩”，如何在实战中快速提升我们的班主任专业能力。

今日精进

模拟教育情境答辩对于加快班主任专业化成长的作用非常大，参赛难度系数也颇高。情境模拟本是一种教学方法。它是教师根据教学内容和教学目标，有针对性地设计情境，并让学生扮演情境角色，模拟情境过程，让学生在高度仿真的情境中获取知识和提高能力的教学方法。

1. 明确评审要求

该项目包括两部分：一是教育情境问题阐述。选手根据抽取题目要求，对模拟教育情境中提出的问题进行阐述。答题时间不超过5分钟，抽取题目后准备时间15分钟。二是教育情境答辩。选手有针对性地回答评委提出的与教育情境有关的问题。时间为2分钟（不含评委提问时间）。

很多选手都告诉我，这个项目真是太难了。所以这个话题谈起来，我还是一直有些犹豫的，因为我真心不想它仅仅以赛项存在于班主任面前。

它应该有更深刻的存在意义和价值。

我想告诉大家：模拟教育情境答辩项目，其实是一种有难度的却又极为快速有效的学习方法。我把它叫作“下水式”的魔鬼训练。

2. 提出“三个建议”

（1）要主动“跳下水”

模拟教育情境答辩与情境模拟教学方法异曲同工。只不过是把情境里的学生换成了班主任。

比如，一个人想去学游泳。除了在家里反复地观看视频，在岸边认真地观摩之外，最有效的、最快的训练方法就是直接进行下水训练。只有在水里练习，才能学会游泳技能。当然，喝点水是难免的。确实有点儿魔鬼训练的味道，是不是？

其实，也没有如此恐怖，毕竟这只是在模拟训练。

所以说，模拟的最大好处有两点：一是成效快。这种“下水式”的学习方法，会大大缩短我们在班主任专业化成长过程中由专业理论向实践能力转化的周期。二是安全性能好。模拟，不是真枪实弹，错了我们可以再来做一遍、再来两遍、再来三遍。做得多了、做得对了我们自然就会形成解决问题的条件反射，遇到真实情境也就不会手足无措了。

因此，今天我们在模拟中的试错，是为了未来在处理同类问题的尽量不出错。班主任面对的是学生，真正工作过程中还是尽量减少出错的概率吧。

为了自己的专业成长，为了学生的健康成长，我建议大家主动“跳下水”。

（2）在“水中”要努力学技能

身为班主任，如果不想沦落为“带班的保姆”，你就得努力在“水中”学习带班的技能。你要知道，学习越是轻松，学习效果越是不大。

鲁迅先生曾说：“哪里有天才，我只是把别人喝咖啡的工夫都用在了工作上了”。有的人的确看上去很勤奋，但他总是把时间花在了低层次重复学习上，效果不明显，不过是自我安慰而已。换我来看，他还不如真的就去喝喝咖啡呢！

美国心理学家彼得·布朗等人写了一本书《认知天性》，他们利用了心理学与脑神经科学的前沿研究成果，尖锐地指出：你在学习时，记笔记、画线、背诵这样的学习行为，只是表面上看起来很努力，实际上你一直没有很好地掌握相关的知识。

他们通过实验发现了一个现象，靠那些看起来很努力的学习行为掌握的知识，倒不如靠一次小测验、一次考试这些看起来很痛苦的方式牢固扎实得多。为什么？因为测验考试时你需要不断地去调用学习的知识，用过之后那些已经掌握的知识点就在你的知识链上打上了很多结，这些结叫“记忆结”，而“记忆结”多了你的心智模型也就形成了。

这个结论告诉我们：想要学以致用，就必须能够持续记忆。只有这样，你在需要某个知识的时候它才会自动出现。

这个结论还告诉我们：测验、考试是必需的有效的学习方式。模拟教育情境答辩的意义就在于提供给我们反复尝试、学以致用的机会，让我们牢牢地记住该掌握的国家政策法规、教育教学规律、教育理论知识等。当遇到问题需要解决时，你就会自然而然地从脑海里调用所需要的专业知识和专业方法。

（3）在应对时紧扣“三问”

模拟教育情境答辩赛题一般会设计三问——“是什么”“为什么”“怎么办”，

这三问环环相扣，分别扣住了“定性”“归因”“措施”，分别指向班主任的判断问题的能力、分析问题的能力和解决问题的能力。这三问也暗合了情境教学的三个阶段：感知——理解——深化。

我们一起来看例 2-5。

【例 2-5】 2017 年 12 月，“佛系青年”词条刷遍朋友圈，火遍网络。

佛系，代表着一种不以物喜、不以己悲，一切随缘的人生态度。它作为一种文化现象，已衍生出诸如“佛系青年”“佛系生活”“佛系购物”等一系列社会现象。《人民日报》评论“佛系青年”：处处不坚持，事事随大流，那只能是淹没于人潮、迷失掉自我。

问题：

1. 上述事例启示职业院校班主任应加强哪方面的工作职责？

2. 运用国家政策法规或教育理论，谈谈如何履行好这一工作职责。

3. 你在这方面的有哪些经验或教训？

第一问，感知层面。引导班主任关注现今社会上普遍流行的一种消极心态，启示班主任要做好学生的思想教育工作，防止学生被消极的思想所侵蚀，树立远大理想，坚定通过奋斗争取幸福的信念。

第二问，理解层面。班主任可依据的相关国家政策和教育理论有：《中等职业学校德育大纲》提出的三贴近原则，马斯洛需求层次理论中学生自我实现的高级需要。班主任履行工作职责时，要给予学生自我实现和自我发展的舞台，让学生感受到奋斗的幸福，从而坚定奋斗意识。

第三问，深化层面。班主任要能够对学生进行教育、引导和援助，通过开展针对性强的系列活动，帮助学生提高应对挫折、适应岗位、融入社会的能力。

我之所以建议班主任紧扣“三问”，是要提醒班主任能“学以致用”“学用合一”“理实一体”。在做模拟教育情境答辩时，我们要有针对性地陈述观点，回答时要条理清晰、引经据典、从容应对、把握时间。

事实上，模拟教育情境答辩没有绝对的正确答案。做模拟教育情境答辩，锻炼的就是班主任解决问题的能力。

而且，你会发现，模拟的教育情境案例其实离我们现实的职业院校班主任工作情境并不远，说到底，模拟教育情境答辩就是我们日常建班育人工作中的一个又一个的真实情境的再现。

不妨参照模拟教育情境答辩的题型，把自己日常工作中的困惑写下来，并做解答，凝练自己育人的经验，充分地展示自己的育人智慧、专业成长的历程吧！

今日练习

阅读案例并回答问题。

班主任李老师出差，615 宿舍的 4 个同学滞留宿舍玩游戏，不到教室上晚自习。李老师回来以后对 4 个同学做了以下处理：每人写一份不少于 800 字的“说明书”，围绕违纪情况说明“是什么”“为什么”“怎么办”；让有思想主见的小孙同学写一篇“高职学生生活状态”调查报告，让酷爱游戏的小李同学写一篇关于游戏的论文，让擅长跑步的小王、小杜同学组队参加学校冬季 10×400 米接力长跑，并保证取得前三名的成绩。两个星期后，小孙、小李交来了“调查报告”和“论文”，小王、小杜带领着 10 个同学取得了接力长跑比赛第二名，班级同学在周记中说小王在比赛中“疯了”，称他为“追风小子”。

请回答：

1. 这个案例说明了什么？

2. 为什么案例中的 4 个同学能很好地接受班主任的不同“处理”意见？

3. 请运用有关教育理论，对李老师的做法进行评论。

第14天

活力生成：在组织班级活动上下功夫

今日案例

一个师生沟通的小故事

我校师范学院新开了学院公众号，准备转载我写的学陶文的一些小文章。

那天下午负责做学院公众号的小吴老师发消息请我开放转载权限，那时我正在组织名师工作室活动没有注意到信息，等到下班回去后我才发现信息，连忙和小吴老师联系说抱歉，赶紧打开计算机操作给予了她们公众号转发的权限。

没想到不到两分钟，小吴老师推送给我一个非常雅致的页面。我很惊讶，怎么这么快？

小吴老师说，他们运营团队早就做好了，就等我给权限。我这个传统农夫式做公众号的人忍不住对她拥有的运营团队羡慕不已。

不过，这不是结束。故事才刚刚开始。

小吴老师说："我是小话痨，和您说一件运营团队的小故事，也是我的德育小反思。"

小吴老师告诉我这个运营团队里帮我的文章重新排版的人员中有一个学生，他原来是一个在人群里不是很自信的孩子。这个孩子从防疫在家期间到现在变化超级大，这几天中午他可以大胆地坐在老师身边一起排版，一起讨论新技能。他现在每次说话都很自信。老师表扬他，他的眼神都会放光。

我告诉小吴老师我的理解："很多时候的辅导是面对面交流，但其实效果并不是很好，而辅导变成肩并肩干活时，效果会好很多。"

小吴老师说："对的，以前觉得教育就要不断沟通，不厌其烦就好，用现在学生的流行语就是‘然并无’。似乎总会让孩子多多少少觉得我还是高高在上，不是处在同一位置上，虽然我的沟通语气和沟通定位也是姐姐型的，但就没有这次效果那么明显。正如您说的一样并肩而行，才是真正的平等交流。”

所以我总喜欢建议老师和学生一起参加活动。教育在于沟通，沟通在做中进行比在说中进行效果要好得多。要取得好的教育效果，师生需要平等地在一起做些活动。

比如，小吴老师带着学生做公众号就是一个好的活动案例。

今日导练

活动，是带有一定目的的行动。在我们带班过程中，活动开展得好不好，很大程度上会影响你工作的心情、育人的质量。

在第 14 天，我们一起来学习如何在组织班级活动上下功夫。

今日精进

一直觉得，如果一位班主任老师愿意带着学生开展活动，那他一定是位学生非常喜爱的老师；如果一位班主任老师能够在活动中不露痕迹地完成育人目标，那他一定是位非常了不起的老师；如果一位班主任老师能够有目的地组织班级活动，那他一定会在班主任专业化的道路上渐攀渐高。

活动是什么？从心理学角度看，活动是由共同目的联合起来并完成一定社会职能的动作的总和。简单理解，活动至少具有两个特征：一是以实现预定目的为特征；二是具有明显的行动特征。但想仅凭理解这两点，就能组织出一个好的活动，还是不够的。

活动的形式大致有三种：游戏、学习和劳动。这三种我们都可以进行策划操作。在组织活动的时候，我建议各位班主任注意以下几点。

1. 到什么山唱什么调——活动形式一定要有意思

活动是学生的活动，不同年龄层次的学生对活动的需求不一样。活动形式的选择要契合学生的身心特点。学生觉得有意思，才是有意思，他们才是活动的主体。

2019 年暑假，我在参加学习培训时，住了几天才发现住宿酒店的大堂地面上有一个我儿时玩的游戏——跳格子。我们老家叫跳猫头。我很幼稚地跳了几步，其他人都看着笑。如果小朋友来玩，那肯定会跳得很开心。但如果我组织职业院校学生来玩这个游戏，他们最多也像我一样跳上几步，回味一下童年，不会继续。因为这已经不是他们这个年龄阶段感兴趣的活动了。

美国著名精神病医师、新精神分析派的代表埃里克森（E.H.Erikson）认为，人的自我意识发展持续一生，他把人的发展经历分为八个阶段（见表 2–4），这八个阶段的顺序是由遗传决定的，但是每一阶段能否顺利度过却是由环境决定的，所以这个理论可称为“心理社会”阶段理论。每一个阶段都是不可忽视的。

表 2–4　埃里克森的人格发展论

阶段	年龄	冲突	人格发展任务	发展障碍者的心理特征
婴儿期	0~18 个月	基本信任感对基本的不信任感	发展信任感，克服不信任感	面对新环境时会焦虑不安
儿童早期	18 个月 ~3 岁	自主对羞怯与怀疑	培养自主感，克服羞怯与怀疑	缺乏信心，行动畏首畏尾
学前期	3~6 岁	主动感对内疚感	培养主动感，克服内疚感	畏惧退缩，缺少自我价值感
学龄期	6~12 岁	勤奋感对自卑感	培养勤奋感，克服自卑感	缺乏生活基本能力，充满失败感
青年期	12~18 岁	同一性对角色混乱	建立同一性，防止角色混乱	生活无目的、无方向感，时而感到彷徨迷失
成年早期	18~24 岁	亲密感对孤独感	发展亲密感，避免孤独感	与社会疏离时感到寂寞孤独
成年中期	24~50 岁	繁殖感对停滞感	获得繁殖感，避免停滞感	不关心别人与社会，缺少生活意义
成年晚期	50 岁以后	完善感对绝望	获得完善感，避免绝望	悔恨旧事

埃里克森的人格发展论，为不同年龄段的教育提供了理论依据和教育内容，任何年龄段的教育失误，都会给一个人的发展造成障碍。

我们的职业院校学生处于青年期阶段（12~18 岁）。埃里克森认为，青少年时期的主要任务是建立一个新的同一感或自己在别人眼中的形象，以及他在社会集体中所占的情感位置。这个阶段的孩子如果感到自己所处的环境剥夺了他在未来发展中获得自我同一性的种种可能性，他将会以令人吃惊的力量抵抗社会环境。

所以，职业院校班主任在组织职业院校学生的活动时，首先就要考量活动是否契合职业院校学生这个年龄阶段的心理特点和成长需求。

（1）职业院校学生会急切地认知自己，特别在意自己的仪表仪容

比如，有的女生上课都能拿出小镜子“臭美”一下，她们会穿着破洞裤、挑染着头发走进教室。这一切可能都会让你愤怒。她们认为美的东西，在我们眼中可能并不美。这时候，我们不能生硬地去禁止。因为刚性的管理会造成师生之间的对立对抗，职业院校学生会拼死抵抗他们认为的不合理规定，甚至会扬言“宁可退学，头发绝不能乱”。你生气、愤怒、暴跳如雷，最后只能是自我受伤很深。这时候我们可以组织活动，在班级活动中引导学生去领悟学校仪表仪容的管理要求。比如，我们可以组织学生表演小品、开展辩论等活动，让学生明白职业院校学生的仪容仪表的要求；又如，我们可以组织奇装异服节，让学生自由地释放一下他们的“臭美”心愿；再如，我们还可以组织学生社团活动，如果每周有那么一天让学生 COSPLAY 一下，那样的教育效果会比一味地教育批评好一些。

（2）职业院校学生会急切地想了解自己在他人心目中的位置

职业院校学生貌似玩世不恭，可天知道他们有多在意家长和老师对他们的看法。可他们也不稀罕你没有营养的夸奖，所以我一直建议班主任在表扬学生的时候，一定要很清晰地表达出“你什么方面做得很不错”，而不是简单地说“你真不错”。

职业院校班主任还要注意不要做“杀鸡儆猴”的蠢事，这个年龄阶段的孩子反抗精神会让你惊叹。表面上你赢了，他低下了头颅，实际上他不会委曲求全，反而会变本加厉地继续和你无声地对抗，你只是赢在了表面。我建议职业院校班主任批评学生最好私下里进行。

对照职业院校学生的内心渴盼，你得不怕苦不怕累地开展一些“微”活动，鼓励他们在其他人面前出现，跳舞、唱歌、运动、说歌手、谈电影……只要能使他们获得成功感觉的活动就行；如果你再智慧一点，可以和任课老师“串通一气”，开展技能比赛，如针对学财会的学生，可以开展点钞比赛，比赛中他们手指飞舞的动作，你看着舒服他们自己也觉得得意，都有获得感和成就感；班主任最好还能经常带领职业院校学生走入社会做些志愿者活动，不要认为他们不喜欢，其实一旦做了他们就会从中认知自己对社会的意义。

2. 独特的生命体验——活动主题一定要有意义

1937 年“七七事变”之后，华北的高校纷纷南迁。北京大学、清华大学、南开大学组成长沙临时大学。同年 12 月，为避战乱，长沙临时大学的师生开始了第二次转移，最终在昆明组成了西南联合大学。

西南联合大学在迁移过程中最有特色的地方就在于“湘黔滇旅行团”的组

建。1938 年 2 月 4 日，长沙临时大学发布步行计划公告，开宗明义，表示：

“本校迁滇原拟有步行计划，借以多习民情，考察风土，采集标本，锻炼体魄，务使迁移之举本身即是教育”，为此召集体格好的学生组成步行团，沿途入滇。

如此一番长征，为参加活动的师生带来独特的生命体验，让他们获得了新的知识，更形成了联大师生“刚毅坚卓”（此为联大校训）的精神，让世人知晓，在那烽火连天硝烟弥漫之际，中国的西南一隅，弦歌不绝。

我们的活动能够给予职业院校学生怎样独特的生命体验呢？班主任还是要找到能够让学生有所感悟、有所触动的活动主题。他们会在青春期的冲动和冲突中，慢慢长大。他们会懂得有些原则必须遵守，会用自己的意志来控制冲动，不再为所欲为。

而在这个过程中，你要和他们在一起，一起做游戏、一起学习、一起劳动。陪伴是最长情的告白。

不是因为活动而活动，而是因为成长而活动。

3. 道路千万条，安全第一条——活动组织一定要确保安全

电影《流浪地球》中一条温馨提示“道路千万条，安全第一条。行车不规范，亲人两行泪。”已成为流行语。

为什么现在很多对抗性的竞技活动、体育活动、外出活动，大家不太愿意开展了，原因就在于安全问题。2019 年暑期，山西地理老师兰会云带着 11 名高中毕业生，从朔州一路骑行到上海的壮举燃爆网络。但实事求是地讲，我绝对不敢组织这样的活动。

小时候我们一到暑假，那就是一个字“玩”——尽情撒欢地玩。一个巷子里的小孩子们临时组成一支队伍到处溜达，大人们一方面不用管我们另一方面也没有时间管我们。安全是那时候孩子们暑期里最大的问题，我有两个玩伴淹死在了小池塘里，一个远房表弟在躲猫猫时被冬天民工挖河道堆起的土堆埋了进去，后来每到清明就会听到我那远房姑姑嘶哑的哭喊声。打那以后，虽然大人们还是没时间管我，但只要听说谁下河就会挨揍，我属于胆子不大的，到今天也没有学会游泳。

从活动组织实施来说，我们应该既要做好前期活动准备，又要做好活动中的有序安排，还要做好活动后的有效总结；从活动组织的程序来说，应该明确活动的目的，做好活动的计划，注意活动的方式等；从活动的有效性来说，应该做好活动的保障服务和思想教育工作。

组织的活动既要有意义，又要有意思。打开网络，你会搜到很多有趣的活动形式。有些职业院校班主任老师专门研究的游戏化管理就很有意思，值得学习借鉴。你还可以跨界学习，向企业学习活动策划。但如果你站着不动，你永远是观众。

4. 站着不动，你永远是观众——活动的组织一定要体现主体的实践

人是活动的主体。百度地图上走路导航有一句话：站着不动，你永远是观众。我们在组织学生活动时，首要原则就是让学生主动动起来，要让学生从活动中获得愉悦感、满足感、成就感。

杜威说："我们必须站在儿童的立场上，并且以儿童为自己的出发点。"他呼吁从儿童的现实生活中进行教育，激发儿童学习需要和兴趣。杜威的"儿童中心主义"思想成为他的教育理论甚至整个现代派教育理论中的一个核心要求。读教育理论容易，做到却是不那么容易。例如，某小学推出的"无声食堂"引发了社会广泛关注。学生就餐时不能说话，要加饭加菜用手势示意。伸出一个手指表示要加饭，伸出两个手指表示要加菜，伸出三个手指表示要加汤，每个班级的班主任负责照看学生就餐，看到学生打出手势，会用"OK"的手势回应。有专家尖锐指出，这种一刀切的方式并不是好的教育，这是压制管控。不可否认，学校引导学生养成良好就餐习惯的初衷是对的，如何好心办好事，专家也纷纷支着儿：可以开展主题班会教育活动；可以利用学生的好奇心开展体验性教学，尝试"无声食堂"活动；有条件的学校还可以单独开辟一个"无声食堂"，鼓励学生自行前往。不难发现，众多大招背后都体现了以学生为活动主体的意识。

我们还须牢记，活动一定要富有实践意义。马克思在《关于费尔巴哈的提纲》第一条指出，"从前的一切唯物主义（包括费尔巴哈的唯物主义）的主要缺点是：对对象、现实、感性，只是从客体的或者直观的形式去理解，而不是把它们当作感性的人的活动，当作实践去理解，不是从主体方面去理解。"通俗地讲，实践，就是主体人对外在世界的改造活动，就是如何把脑袋里所思所想的东西变成现实的过程。

还是列举与吃饭相关的一个案例。一位网红教师章站亮为 25 个农村留守孩子做一顿营养餐的举动令人折服。章老师用一口锅、一个灶台，为 25 个孩子烹出家的味道，放学前师生围坐吃一顿饭成为日常。从报道中可见，这个学校里不缺图书室、篮球场，缺的是父母的陪伴。章老师不仅仅是做了一顿饭，也不仅仅是陪伴，他经常教孩子识别牛肉与猪肉的区别，馒头发酵的原理，教育孩子们懂得感恩，懂得珍惜粮食，懂得讲究卫生，懂得谦让……章老师说："孩子们每天开心的笑脸和积极参加做饭的态度，让我倍感幸福。”一段时间后，这些孩子们会主动帮忙洗菜、生火、摆放碗筷。这个案例与上述“无声食堂”案例的最大区别就是学生参与到了活动中，用双手和老师一起做出了可口的饭菜。在活动中实践，在实践中成长，这才是最重要的主体的实践。

和章老师一样，2018 年元旦我们在学校组织了一次云南大理班学生的做饭元旦联欢活动，活动的效果也很好（见图 2–9）。

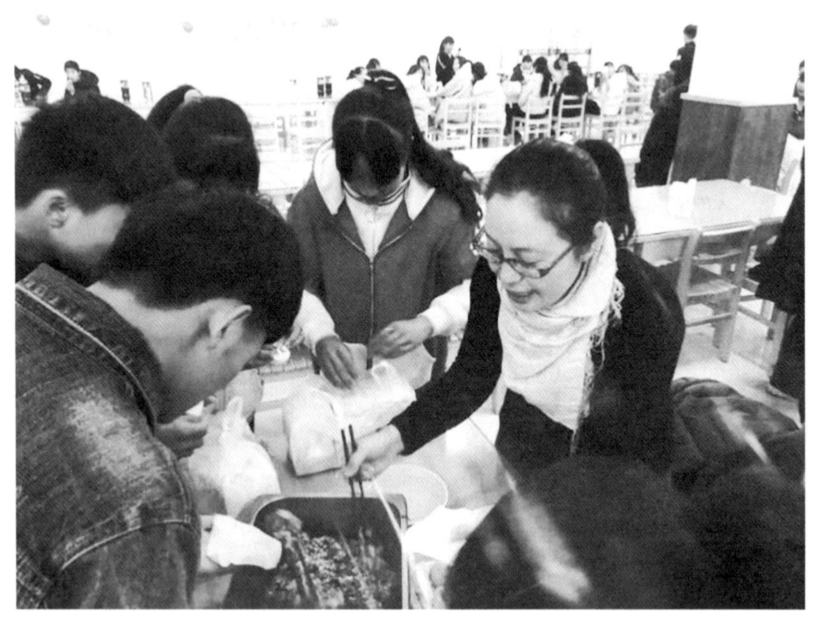

图 2–9　2018 年元旦我和云南大理班学生在一起做饭

电影《老师好》播出后，大家广泛认同那个对你狠的老师才是对你好的老师。电影中，苗老师说：“我没有在最美好的时间里遇见你们，而是遇见了你们，给了我最美好的时光。”可不得不说，苗老师缺席了毕业班的文艺会演、缺席了毕业照的拍摄，还是给最美好的时光留下了一点小小的遗憾。

班主任在组织班级活动的过程中不要轻易缺席，不但自己能够拥有最美好的时光，还要带给学生们同样的最美好的时光。

今日练习

《中等职业学校德育大纲（2014 年修订）》中要求对学生进行道德品行教育，其中包括环境保护等专题教育。相关资料表明，中国人多年来因为垃圾处理不善而付出了沉重的环境、健康代价。2019 年 2 月，住建部明确要求：从 2019 年起，全国地级及以上城市要全面启动生活垃圾分类工作。

请你针对班级特点和专题教育要求，设计一个组织学生进行“垃圾分类”体验的社会实践活动方案。

第3阶段

挑战恐慌区，每天进步一点点

挑战恐慌区
未知的世界里
蕴藏着无限的教育可能
……
一天天
每天进步一点点
相信坚持下去会有奇迹发生

有效管理：
引导学生自治，并发挥集体的力量

今日案例

你怎样看待学生吸烟问题

群里有老师问：学校发现学生在宿舍吸烟，决定取消实习资格，请问合理吗？

各路大咖纷纷来支着儿，观点不一，方法多样。

回答一：吸烟违反中职生守则，学校进行行政处理是合理的。取消实习资格，我认为在学校行政处理权限之内。

回答二：不实习能否毕业？如果不能毕业就不符合教育部的规定了。实习是必需的教育环节。

回答三：在当下，禁绝吸烟，尤其是在宿舍禁绝吸烟，几乎是一项不可能完成的任务。

回答四：还是以教育为主吧。

回答五：现在学生及家长权利意识较强，学生违纪最好依规处理，土办法还是要慎重。

回答六：吸烟系个人不良嗜好，非个人品质问题，如果不是明目张胆在公众场合吸烟，尽量给孩子们改过的机会。

回答七：学生吸烟，是为了图一时的舒服，那我会让他用半个月的不舒服（两周学习班）换这个一时的舒服。两权相害，能够让学生少抽一些。

回答八：学校有规定不允许吸烟，检查的老师抓到学生吸烟，会给班级减分。迫不得已，有些班主任在新生报到第一天就和学生、家长约定（学生和家长代表签字）：吸烟第一次捐班费10元，第二次20元（各班捐款数不等），以此类推，通过捐班费，弥补因个人行为给班级减分造成的班级奖损失。

回答九：我们采取的方式是劳动补偿，比如打扫卫生间、公共区域卫生等。

回答十：最野蛮、见效最快的方法，一是揍他，让他身疼；二是罚钱，让他心疼。可惜，这些都是违规的。

回答十一：从实际情况来看惩罚很难起到让学生真正戒烟的作用，而是让学生想方设法躲避老师的检查，要不然为什么学生会集中躲在较为隐蔽的厕所、墙角和宿舍去吸烟呢?

提问者表达疑惑：因为吸烟取消实习资格会不会太严重了？我们是实习一年，取消实习资格不予毕业。这个孩子平时在学校很活跃，性格很开朗，学习也不错，各方面都好。自己还参与乐队演出，如果因为这个影响毕业，真的太可惜了。

今日导练

在班级管理过程中，班主任总要面对一些像学生吸烟这样的老大难问题，还要面对一些突发事件的出现。老大难，意味着问题总是得不到有效的解决，成为班级管理中的顽疾，这确实令人懊恼；突发，意味着出乎意料的事件突如其来，这确实令人恐慌。

如何将班级管理见效于日常点滴之中？第15天，我们一起来探索如何进行有效的班级管理。

今日精进

管理是为了育人。学校各类规章制度，既是为了促进管理，更是为了推动育人工作的有效开展。规矩是必需的，没有有效的班级管理，育人效果也很难谈起。但是，管理要依法依规、合情合理，要做到以德育人、以文化人。

1. 学习改变思维方式

通常，我们会习惯地遵循着“是什么”“为什么”“怎么做”三个步骤去判断问题、分析问题、解决问题。比如，在职业院校班主任基本功大赛中，我经常会就某一个案例对选手提出这三问，见例3–1。

【例3–1】 班里的学生小齐，凭借良好的外形和嗓音，加入了当地一家婚庆公司做兼职。每逢周末或一些良辰吉日，小齐便会被公司带去参加一些婚礼的主持或节目表演，并获得一些收入。毕业在即，小齐早早地定下了职业发展方向，想成为一名职业司仪。可是，在学校毕业晚会的筹备中，小齐却拒绝了班主任的安排，不做主持，也不想表演节目，原因有三：一是时间有冲突，毕业典礼那天他要参加一个商业活动；二是颇费精力，背串词、设计节目等又累又苦；三是没有报酬。班主任很想让他代表班级展示形象，但又不想强迫他参加学校活动，很是无奈。

请回答：

1. 这个问题体现的是职业院校班主任工作职责的哪个方面？

2. 请运用有关的政策、教育理论，说说你对职校生在校读书期间做兼职的看法。

3. 按照教师要做“学生锤炼品格的引路人”的要求，对于小齐拒绝班主任的安排，你会怎么与他进行沟通交流？

如何作答？我试着给大家一些答题建议。

首先是关于第一问：

我认为该问题涉及的是班主任的学生思想工作职责和职业指导职责。具体而言，要帮助学生正确认识到应该如何处理好个人职业发展规划与班集体学习活动需求之间的矛盾，最终实现学生个人与班集体协调发展。

而关于第二问中所提到的职校学生兼职的问题，我是这么看的：

兼职是职业院校学生生活教育的重要内容，学校应该在满足以下要求的条件下支持学生的兼职活动。

其一是对于兼职合法性和合规性的要求。

职业院校学生从事校外兼职必须遵循的首要要求就是合法性和合规性。所谓合法性是指兼职必须遵守《中华人民共和国劳动法》及《中华人民共和国未成年人保护法》的要求，特别是其中关于劳动报酬、劳动年龄、劳动保护等的规定。家长、学生及学校必须做好充分的沟通，及时了解学生的兼职情况，保护学生的合法权益。所谓合规性是指兼职的同学必须遵守校纪校规的规定，不能够因兼职需要而违反校纪校规的规定。不合法、不合规的兼职应该被坚决制止。

其二是对于兼职教育性的追求。

职业院校学生的主要任务是学习，主要追求是成长，因此学生的兼职应该以教育性为追求，主要是通过兼职实现个人的成长。陶行知先生的生活即教育、社会即学校的思想就充分体现了对劳动的教育性的追求。中共中央　国务院下发的《关于全面加强新时代大中小学劳动教育的意见》中也指出全面构建体现时代特征的劳动教育体系。而职业教育因其教育的特殊性，更应充分强调德技并修、工学结合。因此职业院校的学生在选择兼职的时候要尤其注重个人能力的提升和职业经验的积累。而教师则应该做好相应的指导工作。

其三是对于兼职辅助性的明确。

正如前文所说，职业院校学生的主要任务是学习。因此学生在选择兼职的时候，一定要充分认识到兼职相对于学业而言应当是处于辅助地位的，一定要注意不能因兼职而影响个人的学习，因为学校学习在学生的成长阶段是不可或缺、不可替代的。

其四是对于兼职差异性的考虑。

职业院校学生的兼职还应该考虑到不同学生的差异性。每一个学生都是独特的个人，因其个性、能力、经历、专业而有所不同。因此，教师应该指导学生在选择兼职的过程中充分认识到自身的特点，不能跟风、从众，而是要选择适合自己的兼职。

关于最后一个问题，作为班主任，我认为应当从以下几个角度来和学生做好沟通工作。

一是明确集体二字的意义，加深学生集体主义的情感。

帮助学生认识到个人永远是集体中的个人，不论学校与社会，你的成长、追求、成功都离不开集体的托举。要善于在集体的共同进步中实现个人的发展。针对小齐，就是要使其认识到学校活动就是在集体的共同利益之上兼顾了其个人的职业发展，在集体的舞台上的发展一定会赢得更多的鲜花与掌声。

二是明确锻炼二字的意义，培育学生攻坚克难的意志。

帮助小齐认识到唯有百炼，方能成钢。社会的竞争是激烈的，机会从来都是偏爱有准备的人的，而随着竞争的日趋激烈，这个准备的门槛也在水涨船高。要让小齐认识到每一次的锻炼，都是磨砺自身的绝佳机会，要坚定自身的意志，不畏难，不畏险，荆棘过后方是坦途。

三是明确价值二字的意义，树立学生正确的成功观。

帮助小齐认识到金钱只是衡量人生成功的一部分。在走向人生成功的道路上，有许多的价值尺度，社会的认可、集体的赞许乃至自身能力的充分发挥都应该是成功的重要体现。对于小齐而言，在全校展示自身的风采，获得全校师生的认可与赞许，自己的才能得以在更大的舞台上充分发挥也是一种人生的成功。

综上所述，通过以上几个角度的沟通，我相信一定能够打开小齐心中的郁结，同时班主任也能真正扮演好“锤炼学生品格的引路人”这一角色。

如上，这样的分析步骤有理有据。

但我的生活经验告诉我，有时也有例外。比如，有一天我去洗车，洗车工发现我的车左前轮轮胎坏了，需要更换，否则开在马路上一旦爆胎会很危险。

我习惯地问他：“为什么会这样呢？”洗车工奇怪地说：“不管你怎么问，你都得花钱换轮胎！”我愣住了！为什么不能问原因？虽然我很清楚，他说的是对的，但找不找到原因与当下决定是否换轮胎确实没有必然关系。不管我能不能找到原因，现在我都得换轮胎。

我不免嘲笑自己怎么就“轴”在找“为什么”里面去了呢！我们在班主任工作中，遇到问题时，往往考虑的是：这件事是因为什么发生的？这件事是如何造成的？这样的思维方式会使我们困扰于问题之中。

我意识到，面对问题，我们首先要去处理当下的问题。

洗车工见我当时愣在那里，就开始向我介绍轮胎的价格与性能，我打断了他，说：“换吧，您认为怎么换最为合理就怎么换。”

我也在反思，今后遇到学生案例时，我可能更应该先问选手这个问题：第一时间你打算如何解决？

2. 学习焦点解决技术，让突发问题不再继续

如何先处理当下的问题，让问题不再继续下去？我们可以采取焦点解决技术。

焦点解决法的英文名称是 Solution Focused Brief Therapy（简称 SFBT），为台湾资深青少年心理咨询师陈意文老师所提出。它是一种非常有效且平易近人的心理咨询方法，不仅可以帮助人们解决心理问题，还适用于家庭，协助家长改变看问题的视角，从而帮助孩子们走出成长的困扰。

SFBT 是一种什么样的方法呢？

（1）它是一种以问题解决为目标的思维导向

SFBT 建议遇到问题，不要把力气总是花在“分析问题”和“探讨问题”之上，那样有可能让我们只是在问题里打转。

（2）它重视问题解决的行动

SFBT 看重每一个小小的变化，鼓励教师不只是对学生说“你好棒”，而是要能具体地说出学生值得鼓励的行为，如“你今天某件事做得很好，你是怎样做到的？”

（3）它努力寻找问题不发生或是问题没那么严重时的例外情况

SFBT 建议协助孩子建立成功经验，就等于送给他们一生受用的礼物。我们可以通过这样的举动，帮助孩子建立良好的自信心与自我价值感。

（4）它极度愿意相信当事人的能力

SFBT 相信每个人都是解决问题的专家，只是有时连我们都没有觉察自己的潜能。

我之所以马上停止纠结于轮胎损坏产生的原因，主要是为了节约时间。我关注的还是物。而焦点解决法更多的是关注到人的成长。所以，改变处理问题的思维方式对于我们提升育人能力很重要，对于我们改善学生突发事件的处理方法也有启示。

听叶老师分享的教育故事，听得时而开心时而酸楚。

叶老师说到一个故事。开学报到第一天，在地铁站突然有位家长拉着他的手诉说孩子的种种不是，说已经忍耐了 12 年。叶老师很惊讶，说我看他开学时很积极地帮老师做事情呢！家长说：老师，他在“装”呢！

有一天这个孩子在家和父母大吵大闹了一场，甚至拿着菜刀对着父亲。然后放下菜刀，离家出走。叶老师刚挂断了孩子母亲的电话，这孩子就给叶老师打了电话，语气轻快地问叶老师在家干什么，说他到了叶老师楼下，问能不能上来和叶老师聊天。

那天晚上，叶老师和那孩子一起“装”，“装”得很和谐，谈天说地，一起讨论孩子和父母的关系。最后，叶老师送这个孩子回家前，偷偷发短信给孩子的母亲，让他们夫妻俩一起笑容满面地下楼来接孩子回家。爸爸妈妈很配合地“装”着下楼来，说，怎么又跑去麻烦叶老师了啊？谢谢叶老师。

为什么有些家长的亲子关系紧张？是不是因为我们连“装”都不愿意“装”呢？我们总喜欢把所有问题的原因搞得明明白白、清清楚楚的。我们总喜欢指出“你哪里哪里做得不对”。我们总习惯埋怨“你为什么会变成这样子了！”

问题发生时，我们过多地“轴”在了“为什么”里面，却忽略了帮助孩子解决当下问题的行动选择。亲子关系如此，师生关系如此，其他各种关系也是如此。想要建立和谐的关系，先从转变思维方式开始。这种改变有些困难，但很必要。

换一种思维方式，可以获得不一样的结果。

3. 学习事后自我复盘，让问题不再重复

一次问题的及时解决，并不意味着同样的问题不会再发生。

当下问题解决好了之后，我认为我们还是要反思“为什么”会发生这样的问题，只不过不是去苛求他人，而是自我反思。

这种自我反思的过程就是复盘的过程，在前面我们已经反复接触到“复盘”这个概念。复盘来源于围棋，它是一种在过去自己的经历中学习的方式。比如，在过去的经历中，我获得的教训是什么？将来遇到类似问题，我可以怎么办？

爱因斯坦说：“学习就是经验，其他一切都是素材。”跟着别人“抄作业”的获得，其实比不上从自己的经历中去学习的获得。不要忽视我们自己的阅历和经验，无论喜与悲，那都是我们一步一步地走出来的。

如图 3–1 所示，复盘通常有四个步骤。

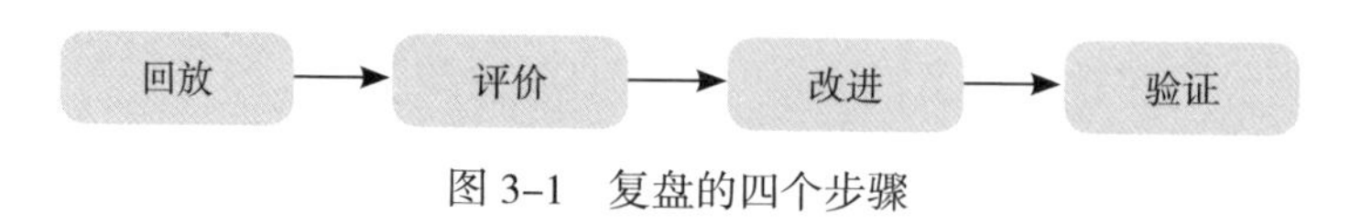

图 3–1　复盘的四个步骤

（1）回放

重在感性，对过去进行再认知，回忆当时的情感体验。

（2）评价

当事人和其他参与者启动逻辑思维，谈感受，提出一些建议。

（3）改进

改进才是复盘的目的。经过评价，我们会知道哪些做对了，可以继续；哪些做错了，需要改进。

（4）验证

通过行动来验证改进计划和方案是否可行。如果验证可行，可以获得积极的情感体验，激励我们继续改进；如果不可行，可以再次进行复盘。这个步骤与前三个步骤相连，形成了一个闭环。

复盘是一种有效的深层次学习。

遇到问题并不可怕，首先我们要去处理当下的问题，让问题不再继续。需要记住：多做复盘，让同样的问题尽量不要重复发生。

我们要活在当下，同时面向未来。

4. 学习用集体的力量来引导学生成长，让问题解决成为自觉

有人在问：规定的目的是为了管理？还是为了教育？

在夏山学校，尼尔校长同样面临着学生吸烟的问题。尼尔采取“学校大会”的形式引导学生进行自治管理。有一次开会时，尼尔站起来提议十六岁以下的孩子不准吸烟，因为吸烟会上瘾，对身体也没有好处，而且小孩并不是真的想吸烟，只不过想装出大人的样子。大家纷纷发表意见，投票结果以尼尔惨败告终。

后来，一个十六岁的男孩提议十二岁以下的孩子不准吸烟，他的提议获得了通过。再后来，一个十二岁的孩子又提议推翻新的吸烟规定，又获通过。

在管理学的理论界，韦伯组织管理的原则规定：权力是组织而非个人的。尽管很多时候，我们会觉得尼尔校长的做法在现实中不一定完全能够实现。但他还是用自己的教育实践告诉了我们什么才是真正的管理育人。

在今天，我们的很多德育管理还是依靠权威、权力。我们在期待着班主任老师成长为魅力班主任。

魅力班主任会充分发挥教育的主导作用，用集体的力量来引导学生成长。

这些班主任老师会让班级管理的权力从个人的身上回归到班集体，也就是组织本身的集体力量。他们会通过集体力量形成正确的集体舆论、信念、情感、意志和行为习惯。也正是这种集体力量，会促使学生形成良好的习惯，同时也可以使其改掉不良的行为。比如，利用德育会、主题班会等形式的活动让学生正确认识到吸烟的危害，就属于集体力量发挥的一种有效的途径。

我想问班主任：有没有想过，吸烟问题为何是个老大难问题？为何学生吸烟是屡禁不止？我特别理解班主任在管理中的种种无奈和心酸。

同样的问题，还有仪表仪容问题。这些都是一线德育管理者的头痛问题。因为学生会认为，这是他们的自由，而老师也无法提供令人心悦诚服的理由，只能反复强调说：这是学校的规定，不遵从就要被扣分，会影响班集体荣誉。连家长也不会认为这样的问题有多严重，甚至连我们自身，有时也会觉得某些规定过于苛刻。

相反，如果是打架、偷窃等问题，老师们对学生进行处分时都会理直气壮，学生也会低下头来接受。

后来，我读到了有关社会生活领域的论述才对这样的困惑有所理解，把我的学习体会分享给大家。

什么是社会生活领域？以美国的特里尔（Elliot Turiel）、努奇（Larry Nucci）等人为代表的一些道德发展研究者提出，儿童与青少年的品德发展与其社会生活领域密切相关。他们把社会生活领域分为三种：道德领域、习俗领域和个人领域。

（1）道德领域

道德领域是由与身体伤害、心理伤害、公平或正义有关的行为事件构成。比如，学生在网络上诽谤他人就会伤害他人心理健康，学生考试作弊就会损害公平，这些事件就属于这个领域。可见，道德领域是普遍适用的，可以被推广到不同的情境中。比如，“打架是不对的”这一判断产生于该行为必然会产生的伤害他人的消极结果，所以不管你是谁，“不打架”是必须无条件遵守的，我们都不会有疑义。

（2）习俗领域

习俗领域则由与众人的一致性或共同遵守的一般规则有关的行为事件构成，这样的行为可以使社会保持和谐。比如，大家约定不吸烟，大家约定不穿奇装异服到学校，大家约定不带手机到某些场所等。可见，习俗领域依赖于环境，它是由多数人建构的共同行为。不同的群体、不同的情境，会有不同的原则。比如，我们会约定学生不可以吸烟，而对成年人的吸烟行为却没有严格限制。

（3）个人领域

个人领域由属于个人权限之内的行为和事件构成，与冲突性伤害或公平权利无关。比如，学生会认为吸烟、发型、着装等属于个人领域内的事情，老师为什么要来干涉个人的自由呢？这就是困扰我们的地方。

厘清了这三个领域之后，我们在班级管理过程中，首先要正视那些非道德领域行为的处理难度，其次则要理解学生捍卫自己个人领域的行为。

我们可以看到，学生吸烟问题这一事件是属于多个领域的事件，既属于习俗领域事件，又属于个人领域事件，所以，身处其中的学生和在外观察的教师都会感受到价值判断、态度和行为决策方面的冲突。职校生处于青春期，他们会认可学校有权力调节处理其道德和习俗问题，但也认为教师的权力是有范围的，一旦他们认为教师干涉到个人领域，就会把反抗一些习俗，比如学校规定的不允许吸烟，作为维护个人领域的一种表现。

但是，最重要的还是要做到有效管理，如何做？

努奇给我们提出的建议是，建立与领域相适应的教育气氛。

1）教师对儿童与青少年习俗和个人领域内的事件需要遵循个体的发展规律。

2）允许学生参与制定直接影响他们的规范。

3）给儿童与青少年以良性的支持，帮助他们建构领域概念。

4）要注意学生对个人领域的建立及其对习俗领域的影响。

有没有发现？努奇提出的“教育气氛”与韦伯提出的“组织管理”并不矛盾，他们只是从不同角度阐释了什么才是有效的，无论是教育还是管理。所以，我们不应该纠结于“这是教育，还是管理”的问题，我们要注重的还是以下这些：对学生的批评就事论事；正确认识学生是在成长过程中不断成长的人；努力引导学生自我管理，发挥集体的力量。

建议大家去读读尼尔校长的《夏山学校》吧，那里充满着自由和爱。

今日练习

分享一个自己成功处理学生突发事件的教育故事，记录下教育经验，并让身边可信赖的人为你大声喝彩！

坚持阅读：系统地读书，应是自觉的行动

今日案例

职业院校教师学习共同体“想读享读”读书活动

2020 年暑假，应朋友之邀一起组织来自全国各地的 60 位教师开展职业院校教师学习共同体读书活动，我把这个活动取名为“想读享读”，其含义有三个：想要读书；分享心得；享受读书。

【活动前言】

今天你读书了吗？

读了什么书？

书中哪句话、哪个标题让你难以忘记？

期待你把精彩的读后感分享给大家。

我们给予彼此能量、互相勉励、共同成长与进步，期待不一样的自己。

希望“想读享读”成为一个大家关注职业教育的平台、心灵互助的港湾……

——分享，让你的世界更开阔！

【活动准备】

1. 每位成员写 1 篇《我的阅读成长史》；

2. 每位成员推荐 3 本书（最喜欢的）。

【读书推荐书单】

1. 问题导向，建议个人推荐书目：

聚焦——课堂教学和“三教改革”

聚焦——德育与心理成长

聚焦——职业教育改革发展

聚焦——校园文化育人

聚焦——专业建设与发展

2. 专家推荐，必读书目：《教学勇气》《静悄悄的革命》《第五项修炼》。

【活动形式】

一、日常活动

1. 每位成员通过几个标签介绍一下自己和自己要分享的书籍；

2. 日常群内“小分享”，可自由分享；

3. 群主会定期推送推荐书单（电子书），大家可选择性去阅读。

二、每月、季度和年度活动（1 位代表主持，专门记录，1~3 位 PPT 汇报分享）

1. 每月一次，形式为腾讯会议“大分享”交流研讨；

2. 每季度举办一次专家主题报告或入校开展主题分享；

3. 举办年度心灵成长论坛。

今日导练

林语堂说过：“智者阅读群书，亦阅历人生。”阅读是一个人最好的成长方式，可是班主任常深陷繁杂事务之中，无暇阅读。阅读不够，能力不足，更易限于繁杂之中，形成恶性循环。班主任要多读书，且要系统地读书，以提升自己的专业理论素养，做一个专业化的班主任。

第 16 天，我们一起来探讨职业院校班主任应该如何进行系统的阅读、自觉的阅读。

今日精进

黑格尔曾说：“一个民族，要有一些仰望星空的人，这个民族才有希望；如果一个民族每一个人只关注自己的脚下，这个民族是没有未来的。”黑格尔笔下仰望星空的人，应该是读书的人、学习的人、思考的人，他们能够通过阅读学习，用独特的视角、深邃的目光、科学的思维，深入理解宇宙万物、社会百态，从而产生自我的认知和智慧。

职业院校班主任应是一个既能脚踏实地，又能仰望星空的人。如何能够在繁杂的工作之余慢下脚步读书、静下心来思考呢？

1. 简单的读书方式是用零碎的时间听书，重要的书可以重复听

我相信大家都愿意读书，也会经常提醒自己要多读书。可工作一忙起来，我们就静不下心来读书，而不读书又总觉得有点虚度时间。

没时间读书是我们面对的一个无法回避的挑战。

我找到了听书这种阅读模式，手机上下载一个APP，就可以把开车时、走路时的一些零碎时间充分利用起来。我第一次使用某个读书APP时，关注的是用很短时间能够听很多本书。但我对于这样的快速阅读方式不免警醒了起来：读书可以做到如此快的速度吗？读书的目的是为了追求数量吗？肯定不是，肯定不对。

回过头来看，有些书可以一听而过，有些书还是要进行深度阅读的。我所说的深度阅读，不是泛读，也不等同于精读，它应该是一种能够在理解基础内容之上产生行动力，推动我们去做些思考、做些改变的阅读状态。

于是，我放慢了听读速度，开始有意识地追求“深度阅读”状态。

我采用了重复听读的方式。听读是在互联网时代里很好的学习方式，轻轻动动手指，就可以选择感兴趣的内容反复地听。

德国心理学家赫尔曼·艾宾浩斯在1885年公布了一条著名的遗忘曲线：遗忘在学习之后立即开始，而且遗忘的进程并不是均匀的，最初遗忘速度快，以后逐渐变缓慢。听读只是形成了我们短暂的记忆，如果没有重复，再感兴趣的内容也会被遗忘掉。“重要的事情说三遍”，是有其深刻道理的。“重要的书也要听三遍”，比如我感兴趣的《正面管教》，已经听了不止三遍了。

2. 传统的纸质书阅读会让阅读具有可视感

尽管我们可以在很多APP上发表读书评论，但纸质书能提供的是一种无法替代的阅读氛围。我有一个购书习惯，先听书或者读电子书，发现确实是好书，值得反复翻阅的我就下单买回来。我建议不要轻易放弃阅读纸质书，每位职业院校班主任都要有基本必备的案头专业理论书。

阅读的可视感体现在我们打开纸质书时，可以折叠，可以用铅笔划过纸张，还可以随手拿起纸画出思维导图。

思维导图是加强阅读深度的一种方法。我喜欢在听读几遍后，随手拿起手边的纸进行涂涂画画。人们一般会对一本正经的学习状态不自然地产生抗拒心理，读书本来应该是快乐的事啊！泰戈尔说：“天空中没有留下我的痕迹，但我曾经飞过。”让我们随手把感兴趣的东西画出来或者记下来吧，让阅读有痕。

3. 和别人分享读书的心得，轻松讨论感兴趣的话题

深度阅读不是简单的记忆，它要建立在深刻的理解基础之上。在与他人的沟通交流分享过程中，我们可以加深理解。我曾经参加了一次民间读书会活动，大家围坐一圈，听樊登读书的《正面管教》，然后各自分享交流看法。那次面对面的分享，让我对于“坚定而和善”的正面管教方法有了更深刻的理解，然而囿于时间，后期无暇再去参加，转而和身边的同道者一起讨论。这种讨论随意随性，不必过于正式。

还有一种分享方式，就是写读书笔记与他人分享，或长或短皆可。我的读书笔记如图 3-2 所示。

梅亚萍
No.39《陶行知谈教育》

>>康健是生活的出发点，亦就是学校教育的出发点。学问、道德应当有一个活泼稳固的基础，这基础就是康健。俗话说：“百病从口入。”同志们务必注意，办学校是要从厨房饭厅办起的。

昨天发了一篇文章有感于此。做学问搞哪里都可以。

——#生活有痕，教育无痕#20200326

2020年3月26日 13:21　删除

图 3-2　读书笔记

我分享一下我的第 30 天读书笔记，见例 3-2。

【例 3-2】《装得下生活的器物》(李若帆)

被使用的器物，随着时间流逝越发耐人寻味，宛如家人。如果人生是一场旅行，我希望这些器物是旅途上的伴侣，而不是从车窗划过的风景。

决定使用微信读书，是因为获得的便捷和阅读的随时，还有就是想让自己通过训练养成一个把书读完的习惯。要知道除了小说，很多理论书、工具书我几乎都是无法全本读完的，除非是要考试的内容。第一个训练目标是坚持 21 天。不想让自己三天打鱼两天晒网，我会在朋友圈里每日坚持记录，坦白说，期间我有过想放弃的念头，每当想放弃的时候，就对自己说，今天你哪怕只读一页也行啊。慢慢地，我会选择喜欢的书去阅读，而不是为了获得什么知识、什么技能去读书。因为我发现如果一旦把阅读与学习挂上钩，就会感觉生活过得有点累了。

没有了学习上的压力，在自然的氛围下我可以放松地阅读与思考。21 天过后，我想可以不在朋友圈里公开打卡承诺了，但反问自己习惯养成了吗？我心里知道还没到那个真正习惯的境界。于是，又有了第二个目标 30 天。今天，就是第 30 天。昨晚做好了计划中的工作后，已经很晚。睡前想着接下来读什么？翻了几页管理学，不想看；翻了几页文化史，没兴趣；又翻了几本小说，保存了几本在书架里，可总觉得没有畅快的感觉。读书也是要有感觉的。也许是昨晚为了提神，咖啡喝多了，也许是苦于选择没遇到心动的片刻，一大早又醒来了。读书不是为了完成任务，今天醒得早了，就有充裕的时间再重新筛选。30 天的阅读最大的收获是，终于明白让人有阅读愿望的书才是好书，会选择好书才会有阅读的兴趣。回顾 30 天，我小结择书的标准如下：作者是第一位，比如路遥、杨绛、贾平凹、汪曾祺等，我喜欢的作家自然会去亲近他们的书；出版社是第二位，比如中信出版社的书普遍质量不错，有一些出版社的书商业快餐味太浓；评价是第三位，比如读者评分高的，比如获得茅盾文学奖的小说都值得去读。还有就是篇幅不要太长（小说除外），语言不要晦涩，最最最重要的是要和我们的日常生活相关，能让我们从中找到自己想要的生活。比如，这本书。

至于今天为何摘录这句？这与昨晚和儿子的聊天有关。我和儿子都喜欢藏着一些破烂。很多旧东西用得久了，就舍不得扔。儿子回老家发现他小时候的玩具被他外婆藏了很多年，如今又可以拿出来给下一代小宝贝玩耍，连连惊呼，每一个小物件都还记得。一个成年男子是不好意思和一个小小孩抢玩具的，但还是眼疾手快地抢了一个坦克藏在自己的包里，随身带着。物只有在使用后才会具有感情。然而，还有一种情感，人在制作物时就早已把其注入物中，比如此书中的 16 个日本匠人。前几天刚完成关于工匠精神的作业，如今再读此文，觉得我并没有完全体会真正的工匠精神，我只强调了精益求精的态度，却忽略了匠人发自内心的感情，他们用心做出来器皿，由此传递给我们生活的美感——装得下生活的器物，呈现出“侘寂”的美学味道，朴素而安静。

明日起，不再打卡扰民。生活仍旧有痕，教育依然期待无痕。生活即教育，教育亦即生活。感恩 30 天里给我读书加油的朋友。

——生活有痕，教育无痕　20200317

4. 有意识提升阅读的效果，把阅读转化为生活的成果

只读书是没有用的，除非你能把书中的理念和自己的日常生活实践结合起来。因为时间紧张，本来我们的阅读量就不多，仅有的一点阅读量却没能转化为生活的能量，这样的阅读只是在阅读，这样的阅读大部分是没有效果的。

有效果的阅读一定要把阅读与自己的日常生活结合起来，要通过自己的实践把别人的知识转化为自己的知识。

比如，有天早晨上班途中，我在樊登读书里听读了《扫除道》这本书，很有感触。我想到了十多年前我在无锡机电高等职业技术学校开展的劳动礼仪值周活动。当时我们面临着来自学生、家长、教师的质疑，他们总认为学生是来学习的不是来劳动的！他们认为教导职校学生职业礼仪有点形式主义，但我们坚持做了下去，通过劳动让校园变得整洁，通过礼仪教育让职校生的精神气质不逊于高校毕业生。听书的那天我到了学校后，亲自把办公室仔仔细细地打扫了一遍，感觉真的不错。很多年轻班主任非常认真地学习很多优秀班主任的各种治班妙招，其实“百术不如一做”。

在管理学中，戴明环是全面质量管理的思想基础和方法依据，又叫 PDCA 循环。PDCA 循环的含义是将质量管理分为四个阶段，即计划（Plan）、执行（Do）、检查（Check）、处理（Action），如图 3-3 所示。

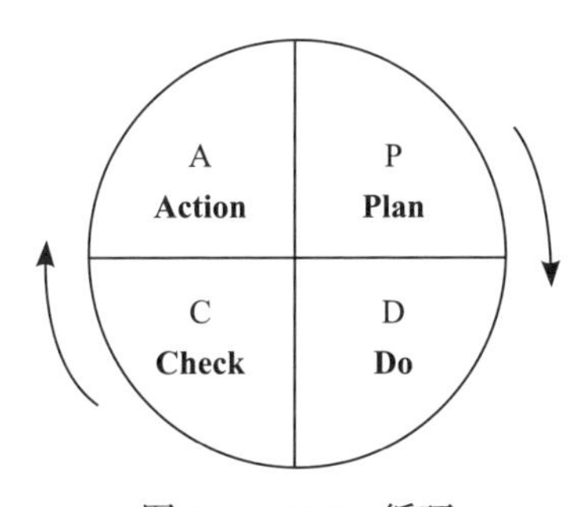

图 3-3　PDCA 循环

我们可以将 PDCA 循环运用到读书中来：从工作中存在的问题出发，有目的地进行专题阅读。然后，把从书中获得的知识、受到的启发直接运用在日常工作之中，使之变成优化工作方式的成果。由此，读书不再低效，而是成为我们日常工作和生活的一部分。

我认为，职业院校班主任专业化成长的需求很迫切，专业化成长的理想也很美好，但只有行动起来，它才可能实现。多一点深度阅读，我们的生活、工作就会多发生一点改变。

今日练习

从班主任工作中存在的问题出发，找一本对班主任工作有帮助的书，开始阅读，写读书摘录或者读书笔记。

持续写作：用文字点亮专业之路

今日案例

为何写作的语言风格会不一样

来自扬州的吴老师加了我的微信，给我发来了她的一篇论文。

这篇论文她已经打磨修改了三次，可仍然入不了编辑的“法眼”。吴老师请我帮她再看看。说实话，打开她的专业论文，我也看不懂论文内容。隔行如隔山，论文首先要保证论点的正确性。

不过从行文的语言风格上，我还是提出来一点建议。吴老师的论文很有自己的心得，论文素材也很丰富，但论文语言还需要进一步凝练。因为论文讲究论述语言严谨简洁，要尽量减少口语式的表述。我建议吴老师去阅读别人已经发表的论文，从中去学习论文的语言风格。

无独有偶，平日里我发公众号的文章都是教育随笔，看到什么写什么，想到哪里就写到哪里。但一转换到论文写作，我就必须认认真真地做文献综述，然后列好写作提纲，再进行写作。2020 年 6 月，交写作训练作业，我连续两天发了两段如此语言风格的文字，一位点评专家连续两天给我留言，他表示了极大的不解：这是您写的吗？为何语言风格迥异呢？

我告诉他，我一般会三种语言风格的写作。写公众号文章是常用的叙述式，写学校工作通知、总结是朴素的公文式，写论文就是严谨的论述式了。

今日导练

写作是班主任专业成长的重要途径。通过写作，职业院校一线的班主任老师可以表达自己的教育思想与教育实践的创新和飞跃，不断地走向优秀，遇见更好的自己。但总有很多班主任老师会说："我只会做，不会说，更不要说去写了。"

写作真的如此困难吗？

要学会写作，其实并不难。只要你有想法，就可以学会写作。

在第 17 天，我们一起来学习如何进行写作。相信我，通过练习，你一定能够写出想写的文字，也一定可以越写越好。

今日精进

我整理了老师们问我的关于写作方面的问题，大约有以下几类。

你这种经常码字写文的能力是天生的还是后天形成的？

很多事情我也经历过，可我怎么就没有感觉去写？

我都不知道如何写开头？

为何写着写着我就写不下去了？

你是如何坚持写下去的？

今天，我就来具体回答老师们的疑问。

1. 我们都拥有写作的自由

首先申明，我并不是一个非常优秀的写作者。我经常会废话连篇，会有错别字，也会有病句出现。但我最大的优点是能随时打开计算机或者手机开始写。我能够把自己看到的、读到的，自己突然想到的，立刻写下来。

如果你和我一样，可以无所畏惧地开始写，那么你一定可以坚持写下去。

我认为，一线班主任老师经过写作训练后，自身的写作技能可以从"自娱自乐"的起步阶段抵达"共同学习"的发展阶段。

（1）"自娱自乐"的起步阶段：自我写作，自我欣赏

写作是为了传递某种信息或者感受。最初写作时，我们往往是写给自己看的。比如记录自己的心情日记、生活感悟、读书心得、复盘反思等。这样的文字常常是记录。最初进行写作练习的时候，我建议你先从这一点入手，先写给自己看。不要过多地苛求主题是否明确、材料是否充实、感染力是否丰富等。很多时候你会发现，最初记录下来的内容尽管看上去没有文采斐然，但那是你积累的第一手写作素材。

为什么我现在经常码字写文，是因为我从一开始就把自己的码字定位为"我有写垃圾的自由"。我认为，自由码字的感觉最重要。如果制定每天要写多少字的目标，个人就会有写作压力，自律性强的人可能会坚持，但确实有点儿累。

这句话不是我的发明。

这句话出现的情境是讲一位家庭妇女在琐碎的日常生活中写写“垃圾”，最后写成了一个女诗人。当时我就很受触动。这位女诗人最初的愿望并不是成为女诗人，我猜想她可能只是喜欢，还有点无聊。女诗人喜欢说话，如果没有人陪她聊天，那只能自己和自己聊天。她说“我有写垃圾的自由”，写着写着，她写出了自己的风格。

因为自我认知到“我有写垃圾的自由”，所以一旦觉得想要写某个主题的时候，我并没有特意去构思框架，甚至连标题也没有，一般是写一会儿或者到最后，我才会写上自己满意的文章题目。

日本《生活手帖》首任总编花森安治的遗作《实用文十训》中提到：

一、用温柔的语言。

二、避免外来语。

三、写亲眼所见的事。

四、写短句。

五、留出余韵。

六、重要的事要重复。

七、不是向大脑，而是向心倾诉。

八、不尝试说服（不推荐说理）。

九、不要自我满足。

十、为了一个人书写。

“为了一个人书写”，这句话让我如见知音。码字不必长篇大作，三言两语即可写下当时的心情，我会把它们发在朋友圈里，或公开或私密。

心理学家说：看见即疗愈。一切治愈人心的本质，就是看见。为了一个人书写，在书写中看见真实的自己，看见真实的他人，看见真实的世界。

当自怨自艾“我什么都不是”的时候，是我们没有看见自己；当悲伤怨恨“你怎么从来都不重视我”的时候，是我们没有被别人看见。看不见和不被看见，都会令人发疯。

因为看不见，所以才会冷漠抗拒，然后才痛苦委屈。看见即疗愈，就是接纳与谅解，尊重与爱。写作，是写给自己的心情。多和自己对话，多写作，慢慢就会学会写作。

有时我会联想，李商隐的“无题”诗为何无题呢？你看，他的“相见时难别亦难，东风无力百花残”，他的“身无彩凤双飞翼，心有灵犀一点通”，大多是主人公内心独白的抒情。我感觉自己虽然写不出那么美的诗句，但本质上和李商隐有点类似，就是在写自己想写的东西。

（2）“共同学习”的发展阶段：有感而作，与人共鸣

最初是自娱自乐，慢慢地可以尝试着去和你有着同样感受和困惑的人进行交流。比如，去写大家都关注的热点话题，引发共鸣；去传递对其他读者有用的信息，让读者读后能够有所得；或者去写出大家心里都想说出来的话。

在这个阶段，我建议你可以多关注周围班主任、家长或者学生的生活。这样你写出来的文章，会给读者一种亲近的感觉，一种归属感。这样的写作形式在公众号里比较常见。

我从 2018 年开始写公众号，到现在已经有两千多位读者。他们的存在，让我不时地提醒自己，今天我写出的文章不要对于他人只是“垃圾”。

虽然我们拥有写“垃圾”的自由，但是一旦决定与他人分享交流的时候，我们会更加注意文章框架的构思、语言风格的形成、逻辑关系的合理等。这一点符合我们在前面练习中提到过的“乔哈里视窗”原理，你可以借助写作来不断扩大自己的公开象限。比如，我曾在公众号里发出一篇文章《对学生，除了理解，还有教育》（见例 3–3），让我没有想到的是文章中关于班主任老师与心理健康教育老师之间教育方式异同的一些想法，竟然引发了很多教育工作者的共鸣与讨论。

【例 3–3】 对学生，除了理解，还有教育

我总有一个感受，一位班主任老师有了必需的教育学和心理学知识后，就如同插上了一双翅膀，工作起来就会得心应手得多。所以，班主任老师一定要学习和掌握心理健康教育的相关知识和技巧。

可我也有一个疑惑。

按理说，专业的心理健康教育老师来承担班主任工作应该是更好，但我在现实中发现这些老师在带班时反而班级常规管理不是很好，他们的自我成就感有时反而不如非心理健康教育科班出身的班主任老师。

这似乎是个悖论。

我观察后发现，心理健康教育科班出身的班主任老师会非常尊重学生，理解学生。哪怕是面对学生不对的思想观点和不良的行为习惯，他们也能认真地去倾听，但一般只是在专业性地倾听，他们大多不明确做出正确与否的评价，基本上不会直接提供方法给学生，他们秉承的是助人自助的理念。

而非科班出身的班主任虽会去爱学生，但他们或明或暗、或多或少、或强或弱地体现出自己是个管理者和教育者。他们既努力去尊重学生、理解学生，也会

明确强调国有国法、校有校纪、班有班规。一旦学生犯了错，他们会表示理解，也会倾听，但不会因为理解就放松了对学生的要求。

毋庸置疑，班主任一定需要懂得心理学知识，一定要在班级里开展心理健康教育活动。但不仅仅如此。

班主任对学生思想工作的职责主要聚焦于这三个关键词——教育、引导、援助。

心理咨询最重要的目的在于给来访者提供心理援助。学校里的心理健康教育主要是通过向学生提供心理辅导和心理支持，提高他们的心理素质，培养他们积极乐观、健康向上的心理品质，促进学生身心和谐与可持续发展。由此可见，心理健康教育科班出身的班主任老师大多是重了援助，有了引导，却轻了教育。

而班主任对学生是富有教育责任的。

尊重理解学生与教育学生并不是互相对立的，而是有利于构建和谐的师生关系，从而建立起开展教育的良好的情感基础。

正如陶行知先生所强调的教育作用，就是要使人天天改造，天天进步，天天往好的路上走。

人们常说教孩子最好是一个唱红脸、一个唱白脸。唱红脸的友善，唱白脸的严厉。

我也认同。要让学生天天改造，是需要红脸和白脸同时起作用的，所以班主任既要会唱白脸，又要会唱红脸，做个严爱有加的好老师。

我在曾经的实际管理中，一直主张尽可能不要让专职的心理健康教育老师来承担班主任工作。

我主张，就让他们纯粹地唱个红脸吧，做理解学生的工作。我想让学生知道，除了眼前的泥泞磨炼之外，他们还有诗和远方、一个理解自己的地方存在于学校里。

所以，我建议有条件的学校可以尽量保证专职心理健康教育老师与众不同的存在，同时要给班主任老师提供心理健康教育培训。

总之，班主任要重视学生心理健康教育，心理健康教育老师则要为师生提供专业性的服务。

还有，有可能的话，建议学校尽量做到心理健康教育老师享受班主任同等待遇。这也是教育部的文件规定。

我逐一认真学习了很多教育工作者的点评，受到很多启发。

比如，来自上海的杨春平老师点评：

心理咨询师强调价值观中立、保密原则，这些在教育中是完全不可想象的。我一直担心的是心理学在教育中的滥用，过度强调尊重、接纳会导致教师角色的混淆。如果真的要学心理学，还是先好好学习教育心理学。教师可以采用心理学中的一些技巧，如沟通技术、共情技术、影响技术等，这是心理学赋予教育的智慧，但不是咨询师对教师的“附体”。

又如，来自河北的崔佳老师点评：

心理学不是原罪，各流派也没有问题，就像教育学也分流派。尊重接纳都不是问题，问题是老师能不能理解心理学的技术并灵活运用，因为你接纳的是学生这个人，而不是学生的不良行为，你接纳的是学生的需求和情绪，而不是学生天马行空的想法……班主任和心理咨询师也是教学相长的，是伙伴关系。独学心理学的人容易一叶障目，但是，心理学的学习和应用需要融会贯通。

由此可见，这样的写作已经超出了自娱自乐的层次，促进了一个学习共同体的构建。在对话讨论过程中，写作者收获的更多的是专业思考和专业成长。

2. 我们需要坚持写作

（1）多写就能学会写作

坚持写作其实并不是很难的事。

某天读到一句话，大意是运动的人和写作的人都会有瘾。每次觉得烦躁的时候，我就会坐下来码字。只要坐下来，写上一会儿我就会被治愈，获得了成就感。

杭州的陈明梅老师也有同样的感受。在这个处于疫情防控的超长假期里，陈老师写完了一本关于书香班集体建设的书后，她告诉我：“写作注定辛苦和寂寞。但是当你把写作当成了一种生活方式，你就是世界上最幸福的人。”

她请我帮她的专著写序，我有些惶恐。不过想到我们对于写作都有“写着写着也就会写了”的感受，我就答应了下来。

写作是一种能力，但这种能力不是天生的，它需要坚持不懈。每天写下一点点，渐渐地形成习惯。这样，你就不会有面对计算机屏幕上的空白文档而无法开头的痛苦了。相反，写着写着，我们心情就会放松很多。

（2）随时随地可以写作

我们读书时，文章是写在作文纸上，我们要数着字数，还想着“凤头、猪肚、豹尾”。

现在，虽然我码字行文没有特定的框架，但思路也不会天马行空，主题基本不会偏离，这应该得益于读书时严格的作文训练获得的写作技能。建议我们班主任先写自己最想写的，先得有洋洋洒洒的内容，然后再逐渐地加以写作范式指导，这对提高我们的写作能力可能会有些作用。

我经常在出差旅途中码字。

比如，2020 年 1 月 19 日，我在公众号上发了一篇文章《再谈“德技并修”的生活解读》，这篇文章是在机场候机室完成的。当时我在机场候机室里点了一杯咖啡准备继续写论文，不想拿到的拿铁拉花做得惨不忍睹，我和服务员聊了几句，得知他们是在寒假期间离开老家到这里顶岗实习的职业院校三年级学生，一下子思路开阔起来写下了这篇文章。

作为职业院校班主任，每天我们会遇到很多学生成长过程中发生的事，做个有心人把它们记录下来。久而久之，你一定会发现自己越来越能从写作中汲取养料。在哪里写不重要，重要的是那个时候你正好有写的灵感。

3. 我们必须学会教育教学论文写作

常常有老师问我为什么写论文那么痛苦，感觉最难的是不知哪些可写。

论文写作强调论点的新颖性、论据的丰富性、论证的逻辑性与严密性等。

哪些可写？不妨先看看你在日常教育教学生活中遇到的难题或者是重点热点问题。比如大家关注的疫情期间的学校管理、在线教学、学生管理等问题。我以《疫情是学校文化建设的新契机》为题写了一篇论文，指出学校文化建设是新时代学校内涵式发展的必然导向和重要诉求。文化的力量往往在危机的时候体现出来，显示其凝聚力和生命力。在应对突如其来的新冠肺炎疫情背景之下，学校的行为和师生的行为背后是学校文化建设效能的显现。

如何写出一篇好论文？

我想送给你三个“最好”。

（1）最好有自己独特的实践方法或者观点

哪怕是同一论题，你也可以写出自己的新意，新意来自于你的思考与实践。实践是第一位的。比如，我从理念、制度、环境、行为这四类文化类属的角度出发，来反思疫情期间学校建设中容易出现的问题，并分析原因，提出对策。

（2）最好有论文的话语体系

论文的语言特色是严谨规范的。提升的快捷方式就是打开计算机去搜索优秀的学术论文，学习论文写作的话语体系。我将之戏称为“打车”，打上这辆“车”，你才会加快成长的速度，“打车”要的不是钱，而是学习时间。

（3）最好有接受失败的心理准备

我曾经花了很多时间写出当时自认为很好的论文，过几天再去看，会发现诸多不满意。但是没关系，论文写完后先放几天，再去“打车”，再去实践，然后再反思修改。比如，我并不是一开始就写疫情期间的学校文化建设，而是在每次修改文稿的过程中不断地实践、反思，文章改了五遍后，才形成终稿。请记住：好的论文不是一气呵成的，它是慢慢地打磨出来的。

今日之练习

面对新冠肺炎抗疫一线的医护人员、团结一心的民众、身边的典型……当你经历过、见过、听过，你产生了怎样的思考和感受？请写下自己的所思所感，内容不超过 500 字。

第 18 天

学会合作：从“我”到“我们”

今日案例

一群人，可以走得更远

2020 年 7 月月末，山东的丁兆永老师特地给我寄来了他的第一本专著《教育，一场诗意的旅行》，嘱咐我阅读后写一篇读后感。

认识丁兆永老师很偶然，当时他主动要求加入我的德育名师工作室参加活动，这样的请求我遇到很多，每次都是婉言谢绝，他却不知退缩反复询问被拒的理由。最初我感觉这个男教师还是挺“倔”的，不像我们江南的水能顺势而流，倒像他所在山东的泰山一样岿然不动，一旦做出决定就不易更改。

自从成为名师工作室的新成员之后，他经常会在工作室的微信群里发出他在班级里组织各种活动的方案和体会，比如发动了一毛钱基金活动，比如在教室里引进了蔬菜箱，比如疫情期间开展学生厨艺大比拼进行劳动教育等。令人称赞的不仅是他的创意，还有他的文字会常常见诸报端网络媒体。于是，他的方案与体会经常能在群里引发小伙伴们的点赞。

读完此书，我发现丁兆永老师本身就是一位充满诗意、书写诗意的人。他爱读书、爱写作，他把日常管理班级的琐碎细化为诗意的絮絮叨叨，他把阅读的心得内化为教育的理念。他追求着诗意的教育，把他十八年的教师生涯、近五年的班级管理经历和他的阅读反思相结合，在书中他写出“诗化教育”“诗意管理”“诗性阅读”“诗情班级”四个篇章，他期待“以散文的形式把诗意注入教育，教育才能显现其更为深层的意义”。他的诗意不只是“感时花溅泪”的感慨，他会及时将一点思考、一些触动记录下来，或长或短，每一篇都成为他教育旅行的脚步。

既然今生选择了教育，就不妨如丁老师所说，让我们就此踏上一场诗意的旅行之路吧。这条路上，有你，有我，还有很多同行者。

现在，我们就出发。

今日导练

职业院校班主任五个工作职责中有沟通协调工作，要求班主任完成如下工作：全面及时了解学生在家庭和社区的表现，帮助、引导家长和社区配合学校做好学生的教育和管理工作。根据学校安排，组织学生参加实习实训活动，并在学生顶岗实习期间，与实习单位共同做好学生的教育和管理工作。

面对困难时，你仍旧是一个人前行吗？

在第 18 天，我们一起来培养自己的合作意识，训练自己合作的技能。

今日精进

班主任作为班级管理的主要负责人，不可能单兵作战，需要学会和任课教师、家长、社区、企业等其他育人力量合作。2014 年，《中等职业学校德育大纲》修订，即明确指出“学校要充分发挥主导作用，与家庭、社会密切配合，拓宽德育途径，实现全员、全程、全方位育人。”

1. 培养合作的意识

在一次讲课过程中有位职业院校班主任老师问我：梅老师，为什么我每次收作业时就是有学生不肯交啊？是我的执行力不够吗？

疫情期间，我也遭遇了同样的问题。我面对的是大学生，他们一样也有人就是不交作业，我在学习群里反复呼唤收效不大。无独有偶，我看到青岛曹春梅老师在疫情期间上网课时也遭遇到了不交作业的“熊孩子”（见图 3-4）。由此看来，这是教学过程中经常出现的问题，职业院校班主任遭遇到不肯交作业的“熊孩子”也不必过分焦虑。

曹老师反思了几点原因，其中一点就是她“尚未获得家长们的助力”。曹老师认为，疫情期间，家长对学生的影响最大。虽然作业完成度不够好，但本着为家长、为孩子留面子的原则，每次在家长群里曹老师只是汇总作业情况，多报喜少报忧。她以为家长在优秀、良好的行列里见不到自己孩子的名字就会加强对子女的督促，然而事实是很少有作业不及格的学生家长主动联系她。

曹春梅：疫情中，遭遇不交作业的熊孩子（一）

原创 春梅 曹春梅名班主任工作室 1周前

网课上到第四周的时候，统计完一周作业，看着两个班合班上课后十几个同学的语文作业完成率为零，好人也被急出了脾气。

图 3–4 曹春梅老师公众号

于是，曹老师专门为超过 20 天不交语文作业的十几个学生建了“龙马精神群”。两周后，大部分学生的作业提交量超过 60%，其中有两个学生达到 80%。对于群里 4 个沟通无效的学生，曹老师又为他们单独建立“家校群”，请家长进群监督。一周后，这 4 个学生也开始进步了，作业提交量达到 60%，课堂出勤也好了很多。

在处理同样的问题中，曹老师既借助了学生自我管理的力量，又借助了家长协助育人的力量。这就是合作。

教师培训专家郑杰老师在《为了学习的合作》中指出：“合作其实就是把本来由自己做的事拆分为若干部分，将某一或几个部分交给别人来完成。”有些时候，我们的问题在于我们只知道自己埋头苦干，神经绷得很紧，很少向外借力。

我也向曹老师学习采用合作方式去借助外力。我借助的是班长的力量，请班长帮我去追作业，最后的结果是 100% 提交作业。

2. 打通家校合作的路径

我还是要提醒各位班主任：请牢记，在班级管理过程中你并不是一个人。我们在完成各种工作任务时，要学会和学生、家长、社区、实习单位等多方面力量进行合作。这些内容在第 2 天的学习中已有介绍。

第 18 天，让我们一起来学习关于开展家校合作的技能。

家庭是人生的第一所学校，家长是孩子的第一任老师，要给孩子讲好“人生第一课”，帮助扣好人生第一粒扣子。习近平总书记在全国教育大会上对家庭教育的阐述，深刻地诠释了家庭教育的重要任务与目标方向。然而，职校学生中家庭教育或缺失或错误的现象颇为严重，家长要么不想管，要么管不了，最后把教育任务全部抛给班主任。如何去争取家校共育的资源，是摆在职业院校班主任面前的一个重要课题，也是职业院校班主任老师非常关注的话题。

家庭教育和学校教育是促进学生健康成长的两个重要方面（见图 3-5），离开家庭教育的学校教育和不依赖于学校教育的家庭单方面教育都对孩子的学业和身心发展不利。

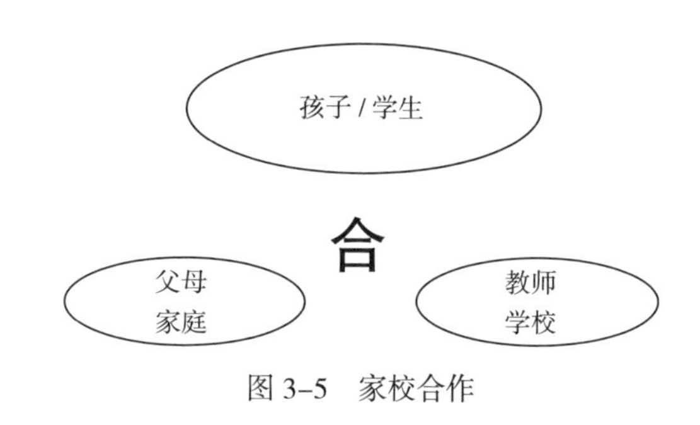

图 3-5　家校合作

家庭和学校是家校合作的主体，但它们的地位和责任却不相同（见表 3-1）。

表 3-1　家庭教育和学校教育的区别

家庭教育	学校教育
个别化的教育	面向全体学生的教育
终身性	阶段性
生活教育、人格教育、行为养成教育	传道、授业、解惑 成人、成才、成功（主要传授知识）
家风、家教	校风、学风、班风
家长，天然血缘关系	教师，师生关系

我建议职业院校班主任要潜心研究家校协助共育的方法。在全国职业院校班主任基本功大赛中，关于家校共育的赛题有很多（见例 3-4）。

【例 3-4】 班上有一名学生的父母感情不好。妻子没有工作，依赖丈夫，疑心丈夫有外遇，因为信任班主任就向其倾诉。为了挽救即将破裂的家庭，给孩子一个安宁的大后方，班主任把孩子的父亲请到学校，跟他谈了孩子教育和成长的问题，并且建议他不要做破坏家庭的事情。当时，他态度非常诚恳，临走还感谢班主任对孩子的关心。

可不久后，班主任在外面看到学生的父亲和年轻女人很亲密地在一起。班主任意识到危机随时就会出现，将此事告诉了孩子的母亲，希望一同阻止危机。然而，孩子的父亲竟然当着班主任的面承认了一切，并且提出马上离婚。孩子的母亲精神崩溃了，杀了丈夫，自己也被送进了精神病院……

孩子一下子成了孤儿，班主任能不管吗？于是，班主任向全校师生发出了捐款倡议。当班主任把钱交给孩子时，孩子把钱甩到一边，愤恨地说："你已经将我害得家破人亡了，为什么还要继续毁我？"

例 3–4 中，这样的结局令人唏嘘不已。毫无疑问，这位班主任老师是爱学生的。但我们要牢记家校共育中，班主任老师的能为与不能为（见表 3–2）。

表 3–2 家校共育中班主任的能为与不能为

能为	不能为
主动沟通，如召开家委会、家长会，进行家访，建立微信沟通群等	沟通时单纯告状
培训家长，如设立家长学校	完全代替家长角色
让家长参与育人过程中	深度介入家庭矛盾

3. 加入合作学习的共同体

合作能力较强的人，往往会显露出谦逊、大度、敏锐、好学的优秀品质，更容易融入一个个组织。优秀的人不是没有怨言，而是一般会在很短时间之内把牢骚发完，然后积极投入工作。这样的人，往往会自带领袖的气质，他们愿意相信别人，愿意和别人在一起工作，一般不太会过多纠结于困难，会很清楚地知道自己缺什么，别人有什么，如何与别人相互合作从而赢得成功。

今天的世界，比以往任何时候都更加需要善于合作的人。

对于职业院校班主任来说，加入名师工作室是一个相对便捷的合作学习方式。名师工作室是一种松散型的组织，它不同于我们所在单位那样具有明确的管理层级，成员之间是一种平等的合作关系，也正因为如此它可以成为富有活力的组织。这意味着，名师工作室的每一个人，都共同拥有工作室的平台与资源，都能够在这个平台上进一步显现出个体"我"的自主性。

这种自主性，对于名师工作室的领衔人提出了挑战。领衔人必须了解成员的成长需求，了解成员的成长希望。工作室的关键职能，就是让一群人聚在一起，这群人需要的不是命令，而是互动、自由、和谐和平等。领衔人不是告诉成员应该如何思考，而是要营造思考的环境，给成员提供行动的动力和才华展示的平台。

工作室成员的成长不单纯依赖于工作室这个组织，而更主要依赖于自己的知识与能力。他们有着个体努力的方向，有着清晰的行动计划，之所以申请加入名师工作室，就是期待着名师工作室能够为他们提供一定的资源与平台，帮助他们自身更好更快地成长。

所以，名师工作室的组织虽然相对松散但仍极具活力的原因就在于个体“我”的活力四射（见图 3-6）。领衔人在了解各位成员的需求之后，就要努力构建一种新的管理范式，让“我”转变为“我们”，让“个体价值”转变为“整体价值”，这是我们在建设工作室过程中必须解决的命题。

图 3-6　梅亚萍德育名师工作室成员集体照

我觉得一个优秀名师工作室的建设过程，至少要体现三个方面的导向：一是要能够充分激励，以激发个体的成长动力；二是要能够尽可能创造条件，以保障个体目标的实现；三是要能够扩大名师工作室的辐射范围，使之更具开放性。其实我们一定要懂一件事情，那就是名师工作室必然要能够拥有一定的特别力量，这种力量是个体单凭“我”做不到的力量，这种力量必定存在于“我们”之中，只能是组织“我们”可以做的事情。

今日练习

说说你从合作学习中获得的一些启示。

第19天

回归生活：从生活中寻找教育的意义

今日案例

换一种方式让他们绽放美丽，也是不错的选择

虽然我的时间很紧张，但我喜欢给自己的生活留点空白，可以看闲书，可以发呆，可以写随笔，可以天马行空地胡思乱想着……

那天，我打开了计算机准备写作，却忍不住溜达到窗边。看到经过梅雨的滋润，橘树旁的那株商陆草，已经长得比橘树还要高，开了花，结了果。

橘树是今年春天同事送我的，说头一年新栽下的橘树一定要把花掐掉，否则第二年就结不出大果来。

我瞪大眼睛问他：那些花多香啊！都要掐掉吗？

同事说：你喜欢看花，就先暂时留着吧，但果子一定要摘掉的。

橘树开的花很香，花谢了过后就是新生的小果。我一个个地掐着小果，内心里总感觉是在伤害生命。掐到了最后一个，我说就留着吧，偷偷地让它长着吧。

这些日子，忙得没去看它，果子已经长得好大，有鸡蛋那么大个了。

橘树旁生长着的那株商陆草，大概是小鸟带来的礼物。

我告诉先生：有的商陆是有毒的。

他很奇怪：有毒的野草，你还留着啊！

我告诉他商陆很好看的，等枯萎时可以做干花。我一直想去田埂边找商陆苗，不想鸟儿帮我带来了商陆的种子。

按照我们的常规认识，结小果的橘树不是好橘树，它不能结大果；商陆不是好植物，它有毒。

但因为想看第一颗橘子是怎样的，我偷偷留了一个青橘在枝头；又因为想看好看的商陆，于是我把有毒的商陆留了下来，让它陪着橘树一起生长。

在育人中，我可能不是优秀的老师。因为优秀的老师应该不能够允许学生的错误发生或者存在。一旦发现不良苗头，必须“手起刀落”，防患于未然。

但是，如果没有意外的话，我期待的是另外一种风景出现。等到秋风起时，这唯一的橘子应该会变得金黄，这外来的商陆应该会染成深深的紫红色，光凭想象风景就已很美。

即使现在它俩的色彩只是深深浅浅的绿色。

我留下它们，换一种方式让它们绽放美丽，也是一种不错的选择，对不对？

也许你眼中学生的错误，也只是一场美丽的误会，对不对？

今日导练

陶行知先生对“学生”二字做这样解释：“学”字的意义，是要自己去学，并不是坐而受教；“生”字的意义，是生活或生存。不可学是学，生是生，要学就是生，生就是学。生活教育对于学生成长具有重要意义，对于班主任的专业成长同样如此。

第 19 天，让我们一起回归生活，一起从生活中寻找教育的意义。

今日精进

生活教育最早由杜威提出，陶行知先生做了进一步深化。

陶行知的生活教育理论包括三大原理。

一是“生活即教育”，这是生活教育理论的核心。其含义是有什么样的生活就有什么样的教育，强调生活本身的教育意义。陶行知指出：“生活教育是生活所原有，生活所自营，生活所必需的教育。教育的根本意义是生活之变化。生活无时不变，即生活无时不含有教育的意义。”生活教育，还意味着通过教育去引导生活、改造生活、创造新生活。

二是“社会即学校”，主张发挥社会的教育功能，要把学校摆进社会里面，使整个社会成为学校的教育环境，同时要把学校办成社会的中心，让学校师生直接参加群众生活，并在其中起指导作用。

三是“教学做合一”，主张“先生的责任不在教，而在教学，而在教学生学。”“教的法子必须根据学的法子”，教师必须“一面教一面学”。

1. 生活是最好的教育

疫情进入常态化管理阶段，各校准备通知学生返校复课。我们很多班主任老师总在问：开学后，家长不能开车进学校，学生怎么把行李拿到宿舍里去呢？

我想问：我们是否还是在用家长式的思维考虑问题呢？

行李怎么办？家长、学生、学校可以三方助力。

原则一：尽量精减随身物品。我们不要担心孩子冻着饿着，他们的自我生存能力没有那么差。一个行李箱能解决的问题就没有必要大包小包地扛着。

原则二：化整为零。家长实在担心孩子，可以把行李托付给快递小哥，邮寄给学生。

原则三：同心协力。学校可以派出志愿者在校门口服务。但最好的志愿活动应该在班级里或者宿舍里，早来的出来帮晚来的，男生帮女生，点对点的服务最好。辅导员、班主任可以早一些谋划。

原则四：自力更生。所有的行动要靠自己，培养学生的自我管理能力，我们不妨从开学自己入校开始。

2. 生活需要有心设计

我每天把读书的记录放在朋友圈里，并在读书笔记的下面加了后缀“生活有痕，教育无痕”。每天读书，潜意识中我一直在寻找着这八个字的答案。

何为有痕？何为无痕？

为何有痕？为何无痕？

我向往的教育境界是一种自然的教育方式，如同人的呼吸一样，存在于生活的方方面面，分分秒秒。人在其中，自由地呼吸着，自然地成长着。

但它不是纯天然的，不会那么原生态，不会肆意地疯长，不会自生自灭。因为有了教育的存在，便有了从事教育的专业劳动者——教师的存在。

教师要懂得学生，要知道教育教学的规律。教育需要专业的设计，经过“高手”的设计，教育就可以在生活中自然而然地发生，学生就可以在生活中自然而然地成长。

“生活的有痕”即“教育的无痕”：生活“有痕”亦“无痕”，教育“无痕”亦“有痕”，我们要在有痕的生活中收获无痕的教育。

如何才能做到有心地设计？就是要找到生活中那些具有意义的时间点，比如第一天入学、入团日、十八岁成人礼、个人生活中的一个纪念日等，我们都可以将它们打造成峰值时刻。美国知名行为心理学家希思兄弟研究发现，那些令人愉快的峰值时刻大致包括四种因素（见表 3–3）。

表 3-3　打造峰值时刻的因素

因素	内涵
欣喜	制造惊喜，给对方超乎寻常的感受
认知	让人意识到自己的潜能或者不能
荣耀	来自认可，来自里程碑的设立，来自关键时刻表现出的勇气
连接	和他人联系在一起的感觉，共享美好或痛苦时刻

我们要学会去设计那些令人难忘而又有意义的重大峰值时刻，希思兄弟也称之为重大的决定性时刻。在人的一生中，这些决定性时刻可能就是塑造人格的时刻。

“藕塘 6 号”的毕业典礼见例 3-5。

【例 3-5】“藕塘 6 号”的毕业典礼

毕业典礼，是一首“离歌”，是学子们与昨天告别、进入人生新阶段的一个仪式。但在职业院校一些人还会纠结于要不要举行毕业典礼的问题。这是因为职校生在毕业前半年已顶岗实习，且不说他们回来参加毕业典礼要请假扣工资有诸多不情愿，组织者也认为毕业生在仪表仪容、会场纪律等方面还有许多不可控的因素。所以很多学校没有毕业典礼，有一些职业院校即使有毕业典礼，也是走个形式而已。

问毕业生，要毕业典礼吗？要，但如果是老一套还是不要了。问在校生，要毕业典礼吗？要，但是要自己喜欢的。在校生最喜欢的是什么活动？他们的学生社团活动。毕业生最难忘的是什么？他们曾经的学生社团活动。

“藕塘 6 号”是无锡技师学院的门牌号码，也是学院一个师生民谣乐队的名称。2017 年 6 月 19 日，“藕塘 6 号”成了无锡技师学院 2017 届毕业典礼的特殊印记。

笔者认为，好的德育活动，必须用学生的眼光来寻找、策划。

于是，2017 届毕业典礼活动策划创意为：青春不散场——“藕塘 6 号”民谣音乐会。活动的形式为民谣歌会，分为“如歌年华”“与青春同行”“不说再见”三个篇章，分别书写学生刚进校时的懵懵懂懂、共同在校园度过一段最美的青春时光及离别时的怀恋和感恩。活动的对象为能够回校的 2017 届部分毕业生和即将到企业顶岗实习的 2018 届在校生，活动现场中心区域为毕业生及家长座位，四周区域为在校生座位，这是一场充满设计感和带有见证意义的毕业典礼。

好的德育是走心的活动，能够扣动学生、家长、老师的心弦。

活动创意初定，“藕塘 6 号”民谣音乐会就成了学院里的一件大事。学生制作“藕塘 6 号”微电影、海报，学校微信公众号进行跟踪报道。“藕塘 6 号”，就好比一个圆圈的中心点，不断地散发着它的魅力，不断地吸引着圈内圈外的毕业生、家长，甚至其他学校的师生。民谣乐队老师说：“我们唱的不只是歌曲，更是我们自己的故事。”那种渐渐浓烈的情怀，有关青春、梦想的味道和气息，一时间感染了整个校园。即将毕业的成员说：“我热爱这个充满艺术气息的校园，5 年时光，从开始的不情愿到现在的依依不舍，这里的一草一木都是我青春的见证。”藕塘菁菁、青春无声，但在毕业的那天，我想放声歌唱，想让你记得那年同窗，让青春永不散场！在这场毕业典礼的强烈号召下，2017 届的毕业生很早就和企业主管请假，理由是：6 月 19 日，我要回学校参加毕业典礼。已经毕业的学生在公众号留言：已经毕业几年的学生能回母校吗？在校的学生则问：为什么只有四年级的学生才能去听“藕塘 6 号”？

那天的毕业典礼，一样的是领导致辞、颁奖、寄语，不一样的是歌声、情怀、“藕塘 6 号”的文化印记。

活动有痕，育人无声，这才是毕业仪式的真谛所在。

（梅亚萍，发表于《河南教育（职成教）》，2017（12）：19）

我们打造的毕业典礼（见图 3-7）这个决定性时刻拥有以下因素：2017 届毕业生回校来参加全新毕业典礼的欣喜，坐在台下的即将实习的 2018 届学生心里对自己在下年也能站上舞台的认知，被评为优秀实习生、优秀毕业生的荣耀，以及与场馆里的老师、家长、同学一起分享这一时刻的连接，全部包含于其中。

图 3-7 “藕塘 6 号”的毕业典礼

3. 教育的魅力在于自然生成

动物的生命存在方式是“生存”，只有人才有生活，生活是人之生命存在的基本方式，离开了生活就不存在人。生命不息，人的生活则不止。

每天我们都生活在这个世界里，和我们身边的人相互联结着，彼此互动着。日子一天天过去，人一天天成长。在生活中，教育会以不同形态表现出来。比如，在家庭里，家长关注的是孩子的成长，家长与孩子之间发生的教育被称为家庭教育；在学校里，被教育的对象还是那群孩子，但是他们换了一个身份——学生；也时刻在关注着自己的成长，由此有了自我教育。

在这个世界里，我们不仅要关注学生的成长，更要关注与学生相关的人的成长，比如学生的家长。要改变人就要改变生活，学会在生活中进行教育。

孟母为了让孟子能够在更好的教育环境下成长，带着孩子从墓地旁边搬到了集市里，又从集市搬到学校旁。你有没有发现孟母是个很有生活教育意识的家长？

2020 年寒假里，广东省名班主任阳海华老师开始聚焦她所带班级里那些平凡人不平凡的一面，为班级的学生撰写人物故事，并发在自己的公众号上（见图 3-8）。她才写到了第六个学生，就发现了班级学生在悄然地发生着变化，做事的积极性和主动性大涨，学生的成长与她撰写的人物故事有着直接联系。你有没有发现阳老师是一位很有生活教育智慧的教师？

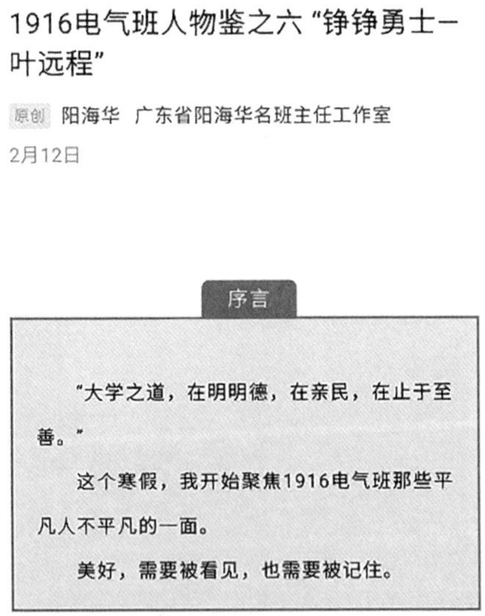

1916电气班人物鉴之六 “铮铮勇士－叶远程”

原创 阳海华 广东省阳海华名班主任工作室

2月12日

序言

“大学之道，在明明德，在亲民，在止于至善。”

这个寒假，我开始聚焦1916电气班那些平凡人不平凡的一面。

美好，需要被看见，也需要被记住。

图 3-8　广东省阳海华名班主任工作室公众号

今日练习

根据你的生活实际，选择一个独特的视角来设计一个有意义的教育活动，并写下教育反思。

自我审视：挑战能给我们带来什么成长契机

今日案例

疫情阻击战中班主任们的焦虑感

2020 年突如其来的一场新冠疫情，一下子把班主任老师推到了“表哥表姐”的位置。春节期间班主任们就忙着一件事——每日统计学生信息，每日上报，不得漏报、瞒报、不报。上报要求随着疫情形势不停变化，布置任务下去后有时会面对埋怨牢骚，有老师焦虑了；当发了好多信息打了好多电话无人接听时，有老师就更加焦虑是否学生出了问题，或者是他的家长出了问题，是帮这些学生填写无变化，还是填写有变化呢……

一个班主任老师说：“近 n 天来，已向学生发布了 n 则通知，打了 n 个确认电话，汇总了 n 条信息，填写了 n 张排查表格。如果有需要，可以 n+1，2，3……”

学生在家“停课不停学”，班主任又面临着很多新问题，比如如何在线上与家长沟通、和学生联系，如何利用疫情契机去开展生命教育、责任教育、人生观教育、理想信念教育、爱国主义教育等主题教育活动，等等。

学生复课返校后，如何进行疫情常态化下的班级管理，又是一个新问题。

凡此种种，疫情期间的班级管理工作给班主任带来了很多挑战。

今日导练

2020 年一场疫情使得教育被迫面对种种挑战，但未尝不是给教育工作者提供了很多在特殊时期社会场域之下的教育契机。新挑战虽然会给班主任的成长带来一定的压力和焦虑，但同时也会给班主任们带来成长的契机。第 20 天，我们一起来自我审视，探究这些挑战带给我们的成长契机和启示。

今日精进

当班主任觉得遇到工作难题时，那就意味着你正面临着工作中的挑战，此时此刻心里有些焦虑是正常的心理反应。

走进挑战区，其实是在提醒班主任曾经工作中的不足。以疫情期间班主任工作的开展为例，我们就可以发现有些工作班主任是可以进一步优化的，有些工作班主任则必须认真学习。

1. 要建好学生信息资料库

是不是每一张表格都要下发学生或者学生家长填写？

以统计某个地区的学生数据为例。如果班主任老师提前做好了学生情况信息登记工作，那就会以最快的速度筛选出来进行上报。对于一个学校也是如此，倘若有信息完整的学籍管理系统，这些数据是很快就可以筛选出来的。只需要请班主任老师再次核对一下，将有学籍异动情况未能在数据库里及时处理的学生数据标注出来即可。

虽然数据上报工作对于班主任老师而言并不是困难的事儿，平常班主任也会有各种数据上报。但不同的是，这次学生不在教室里，不在我们面前，而且上报时间每次都催得很紧。所以，以传统的从下到上的方式搜集数据，数据的及时性就有可能打了折扣。

老话说得对：家有存粮，战时不慌。

我想，建好全班学生信息库，就是班级管理的粮仓。这个库里至少要包括：姓名、性别、籍贯、身份证号码、本人手机号（QQ 号、微信号）、是否团员（党员）、宿舍号、家庭住址（可能不止一个，都要写上）、家长工作单位及联系方式、学习经历等。

借此契机，班主任不妨把这个“粮仓”再完善一下，在计算机里完善，虽然输入较麻烦，但筛选很快。

特别提醒的是，平常的准备工作一定要做好，多和家长联系，建议要时常检查家长登记的联系电话是否打得通。有经验的班主任还会备下学生的应急电话，有时候我们找不到学生父母，就要去找其他亲属。总之是多多益善。这样才会尽量减少联系不上家长的困境出现！

另外，建立家长群也是一种很好的信息沟通方式，不过这种方式一般适用于小学生，对于职业院校学生并不太适合。职业院校学生不愿意被认为是“妈宝”，他们要有长大独立的感觉，而职业院校学生家长也会认为孩子大了就不要过多干涉。所以，还是有个“粮仓”最好。

2. 要培养好班干部队伍

随着形势变化，数据统计要求不停在变化，不同口径需要不同的数据。仅仅靠“粮仓”还是不够的，还需要发动群众。在这场全民战“疫”中，每个学生都可以成为参与者。

班主任是“事必躬亲”？还是有意识地把任务分解给学生干部？有的老师很认真都是自己在操作，也有的老师干脆甩手扔给学生干部简单做个“二传手”。虽然前者比后者工作效果要好得多，但最好的方式还是建议老师指导学生干部来参与其中，不要一个人做，而要一个团队做。这个建议主要是针对大学生、高年级的中学生而言，我们要把学生放到一个组织平台中去历练成长。

很多班主任老师在吐槽种种“抓狂”状态的同时，也有老师在感谢学生干部让自己工作得省心。确实，学生锻炼多了，关键时刻面对每日的无数报表，自然会来助班主任老师一臂之力的。

培养学生完成一定的工作，本身也是一种教育。

我还要提醒，班主任切不能以此为由，做个“甩手掌柜”。

3. 要学会清晰地下达要求

班主任承担着多少种角色？我们不能简单地把数据统计工作看作一项班主任事务，而要在事务之中挖掘育人要素。那么，在这项工作任务完成过程中，班主任不仅仅是执行者，而且还是领导者和管理者。

执行者要给出结果，班主任的确可以一个人做好统计。

但这不够。

领导者要善于营造一种氛围，这就意味着班主任老师要善于做学生思想工作，善于做家长沟通工作，让学生、家长理解当今形势和要求，理解学生对学业的焦虑并提出有效的建议。大家齐心协力，统计工作总该会少去那些家长的粗鲁拒绝吧。

管理者不是亲力亲为，而是通过别人来完成工作的人。这就意味着班主任老师要能让家长主动协助，让学生主动参与。而班主任老师自己要清晰地理解工作要求和流程。

我们可以从企业管理者那里借鉴一些启示。在一些企业里，领导给员工交代工作任务，一般需要交代五遍。

第 1 遍，交代清楚事项，“要求你怎么做”。

第 2 遍，要求员工复述，“你把我的要求复述一遍”。

第 3 遍，和员工探讨此事项的目的，“你认为做这件事的意义是什么”。

第 4 遍，做应急预案，“你认为这样做会有什么意外情况出现，如果出现你会怎么做”。

第 5 遍，要求员工提出个人见解，“如果这件工作让你安排，你会怎么做”。

4. 要学习将线上主题活动和线下主题活动相结合

2020 年一开始，班主任一下被推到了网络教育的最前沿。陈春花说：“互联网出现之前，个体要实现个体目标一定要依附于组织；互联网出现之后，组织要实现组织目标一定要依附于个体。”这个表述告诉我们，在互联网时代，组织发生了根本性改变。要想做好管理工作，需要依靠与之相关的每一个个体。

后疫情时代，班主任应继续以学生为出发点，遵循学生的身心发展特点和班集体建设发展的规律，在工作实践中积极探索主题班会活动线上与线下有机融合的路径，以提高主题班会活动对学生成长的吸引力、亲和力和教育性、引导性。

（1）基于社会生活的维度，积极运用线上资源

陶行知先生提出“生活即教育”“社会即学校”的重要教育理念。他强调：“人生需要什么，我们就教什么。”随着移动网络的普及，信息技术已经全面嵌入学生生活学习的方方面面。在疫情的契机之下，班主任获得了一些线上组织主题班会活动的经验。班主任作为主题班会活动的主要组织者，学生作为主题班会活动的主要参与者，可共同围绕某一确定的主题搜集整理线上的资源，要积极从线下走入线上，走进完整的社会生活之中。

（2）基于混合式教学改革的维度，主动建设线上微课

混合式教学改革就是要充分发挥“线上”和“线下”两种教学方式的优势，来改造传统教学方式，改变教师在主题班会活动过程中过分说教而导致学生主动性不高、不同学生的学习结果差异过大等问题。在混合式教学方式中，线上活动是前期学习，线下活动是基于线上活动的深入。班主任可通过建设“微课”，来实现主题班会活动线上与线下的有机融合。“微课”主要以图文视频为载体，在设计时要注意主题突出、内容精练、容量短小、结构完整等特点。建设“微课”的价值主要在于：既能促进主题班会活动辐射范围实现从线下到线上的结合，又能增强主题班会活动过程中师生之间的互动性。

（3）基于全媒体时代的维度，探索线上直播

全媒体时代下主题班会活动的开展同样可以在线上全程直播。此种方式在线上的覆盖面更广，对组织者的要求也更高。例如，中国教育电视台《同上一堂

课·主题班会》直播特别节目的开展，一些学校“停课不停学”期间组织骨干班主任在线上面对全校学生开展的主题班会活动，都属于线上直播主题班会活动的探索实践。

（4）基于德育生成的维度，自创资源线上分享

“生成”一词，由哲学家黑格尔提出，其含义是发展和变化。从促进学生社会化的层面来说，主题班会活动即是一种实践意义上的德育场域存在，在此场域中学生的价值观、人生观、世界观能获得优化和升华，学生能获得成长。陶行知先生强调“教学做合一”。班主任不要仅仅局限于在一节课中开展主题班会活动。如前所述，在“微课”设计中，我们可以将传统意义上的线下主题班会活动，前移至线上开始实施。同样，我们也可以引导学生将线下主题班会活动的成效，用各种成果方式向线上迁移展现，如可采用微信、微博、公众号、视频网站等平台进行分享。

今日练习

写下你目前最棘手的问题，然后主动找信赖的人去咨询解决方法。

第21天

幸福自由：班主任要做一个整个的人

今日案例

26 岁真的就看到了 56 岁的生活吗

一早，我在读书群里分享了《寻人不遇》的读后感，有老师点评：那是怎样的一个自己？为什么我们总是在原地？

他说，2016 年有一位职教教师感慨“我终于辞掉了正式在编的教师工作”，理由是 26 岁看见了 56 岁的生活：备课，上课，管理学生，考试……

他问我：“我们真的就是这样子吗？”

回想 26 岁的我，刚工作第三年，青蓝工程还没有过关呢！那时候的我，能够看到的就是我会从一个年轻教师变成了一个老教师。现在我离 26 岁已远，那已是我孩子的年龄阶段了。我已经快 56 岁了，我也如愿以偿地从一个年轻教师变成了一个老教师。

一天天，尽管我们做着同样的事，过着同样的单调生活，但谁能说这日子就是没有变化呢？

如何从日常中寻找并享受工作的乐趣，是个课题。

北方的安老师让我帮她看交流总结。虽然我手头上有很多活，但我很乐意看她的总结，我帮她稍做修改，加了些做个轻松的班主任、做个走心的班主任等的套话，自认为是在学习、感受安老师平凡工作的快乐与幸福。

南方的段老师发来她的讲课课件，请我帮她辅导。可是，打开课件一看，我发现段老师不需要我的辅导，我只能学习。段老师把每一个学生成长的数据都记录下来并进行分析，利用大数据进行管理，如此日常琐碎的工作被她做成了精品。

像这样的老师有很多。一句老掉牙的话，只要用心做就能把工作做成一朵花。

今日导练

最好的工作状态是能从工作中收获快乐和幸福。你是一位幸福的职业院校班主任吗？当面对学生行为习惯不好、学习意识不佳等问题时，你如何才能获得幸福的心态？

第 21 天，我们一起来谈谈如何使自己从平凡的生活中获得幸福感。

今日精进

美国哈佛大学一项研究显示：一个人如果总是在算计“做这件事值不值得”“能从中得到什么”，就会生活得很累。这也是一个人始终感受不到幸福的重要原因。其实，幸福本来离我们很近，只要你愿意伸出手，就能够得到。

1. 幸福的感受是一种能力

美国积极心理学领军人物马丁·塞利格曼博士提出了 PERMA 幸福方法论（见表 3-4）。

表 3-4 PERMA 幸福方法论

P	Positive Emotions	积极情绪	整个人生充满着积极情绪
E	Engagement	投入	做自己感兴趣的事
R	Relationships	人际关系	拥有亲密友谊
M	Meaning	意义	寻找为之奋斗的使命
A	Achievements	成就	达到自己渴望的状态

可见，作为职业院校班主任，要想将幸福感提升到理想水平，我们就要关注 PERMA 五要素的各个组成部分是如何被触发的：

每天是否充满着工作的热情？是否能够全身心地投入？是否和他人建立起和谐的关系？是否领悟到班主任工作使命？是否在班主任工作中达到了自己想要达到的状态？

美国哈佛大学沙哈尔博士把“幸福”作为一种正面的人生价值提出来，并用四种汉堡模型代表四种不同的人生态度和行为模式（见表 3-5）。

表 3-5 人生汉堡模型

汉堡类型	人生类型	特点
垃圾汉堡	享乐主义型	及时行乐，忽视自己行为可能带来的任何负面后果
素食汉堡	忙碌奔波型	只追求未来的快乐，承受着现在的痛苦
最差的汉堡	虚无主义型	既不享受眼前的所有，对未来也没有任何期望
理想汉堡	感悟幸福型	不但能够享受当下所做的事情，而且通过目前的行为，可以拥有更加满意的未来

沙哈尔博士介绍的这四种不同类型的汉堡（见图 3-9），只是理论上的分类，并不代表任何具体的人。其实，我们每个人或多或少都会有各类型的一些特点。

回顾从前和现在的班主任生活，你经常处于哪一个或哪两个象限呢？

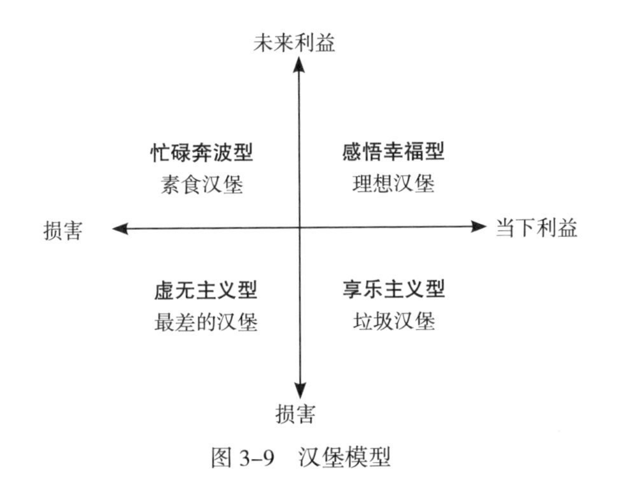

图 3-9 汉堡模型

如何幸福地工作，我们可以从以下几个方面着手。

（1）做出改变

找寻幸福的最大责任还是在我们自己身上。在班主任工作过程中，为了争取幸福，我们可以为自己的工作设定一些明确的目标，从平凡的工作中接受挑战，获得心流体验。比如，引导某个学习行为习惯差的学生做出一点改变，他的改变能让你觉得工作有了微小的成效。

（2）寻找使命

理想的工作能够让我们更加幸福。心理学家埃米·瑞斯尼斯基指出，人们对待工作有三种态度：任务、职业和使命。那种把工作当作使命的班主任，会把立德树人、培养学生全面发展作为育人目标。这些班主任工作的力量源于其内在的使命，他们会在工作中感受到充实与快乐。

2. 自由的本质是自立和自律

杂乱无章的生活，会让我们的心情很糟糕。如果一直处于这样的生活之中，我们就很难找到自由的状态。

日本茑屋书店创始人增田宗昭说，自由就是“想做的事情可以做，不想做的事情可以不做”。美国民谣歌手鲍勃·迪伦也曾说过类似的一句话，大意是“清晨醒来能做自己想做的事情的人才是成功者”。

其实，真正的自由，并不是想做什么就做什么，而是能有时间去做自己想做的事情。我们可以使用时间管理四象限法（见图 3–10）去有效管理自己的时间，做自己想做的事。

1）重要且紧急的事情，需要立即搞定。

2）重要但不紧急的事情，需要分解任务按部就班完成。

3）紧急不重要的事情，最好自己不亲自做。

4）不重要且不紧急的事情，那就别做了。

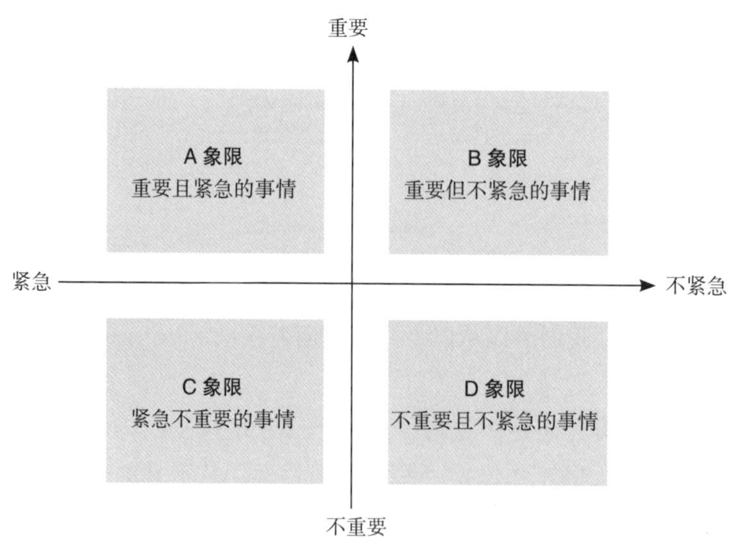

图 3–10　时间管理四象限法

其中，重要但不紧急的事仍要保证拥有一定的自由学习时间。古人云：活到老，学到老。我们都是学生。

关于“学生”两字的含义，陶行知先生解释得很接地气。1919 年 7 月 22 日，陶行知先生在浙江省立第一师范学校毕业生讲习会上发表关于“新教育”的演讲。在陶行知先生看来，处在 20 世纪新世界之中的中国需要一种全新的与之相适应的国民教育，为社会培养自主、自立和自动的共和国民，并且这种新必须是常新的，这就是陶行知先生提倡的“新教育”。

陶行知先生认为：“学”字的意义，是要自己去学，并不是坐而受教；“生”字的意义，是生活或是生存。

今天，我们提倡激发出学生学习的主动性，学习的主动性往往来自于生活的需要。比如，很多人在疫情期间因为生存需要，练就了一番好厨艺。就连我这个不太会做饭的人，在买不到点心时也学会了蒸馒头。因为饿，所以我要去学习做饭；因为我们在工作中遇到了困惑问题，所以我们才会努力去学习。疫情期间，很多家长在学习家庭教育，很多教师在学习线上教学，这都源自于“我需要”，所以“我想学”。

3. 学会自我疗愈，做一个整个的人

有一天，我有机会听广东顺德的皮皮老师讲她遇到的学生心理案例故事，皮皮老师说得最多的词语是“接纳”和“疗愈”。

皮皮老师干预学生心理问题用得最多的手段就是倾听。她总是会告诉这些孩子身边的人，如果孩子不想做什么，那就让孩子离开那个令他厌恶的环境一会儿，没关系，绝大部分孩子都有自我疗愈的能力。

有些家长对孩子的偏科忧心忡忡，总是想方设法要改变孩子，要孩子把精力花到考试课程的学习上。结果是孩子反而越来越不爱学校不爱学习，亲子关系也有些紧张，家长、孩子都很疲惫。皮皮老师说，家长应该知道孩子喜欢做什么，让他去做自己喜欢的事啊！

我赞同皮皮老师的看法，我们要学会给孩子一点时间和空间，让孩子去自我疗愈。自我疗愈的前提是我们得承认自己有很多的不完美，对自己要予以接纳。我们必须接受真正的自己，必须相信自己的存在是有意义的。

一起来做一个完形练习。

【跨越幸福的障碍】以下是一些未完成的句子，用来帮助你跨越一些有可能阻碍你获得班主任幸福的障碍。

妨碍我做幸福班主任的东西是 ____________

我能获得的班主任幸福是 ____________

如果我成为幸福班主任，我会 ____________

如果我允许自己快乐，我会 ____________

当我对自己的班主任工作感到满意时，我要 __________

能给我的班主任工作带来更多幸福的是 __________

作为幸福班主任，我开始渐渐地发现 __________

持续地思考并完善以上的句子，你会获得很多感悟和改变。

陶行知先生提倡大家要做一个整个的人。在他看来，做一个整个的人，有三个要素：一要有健康的身体；二要有独立的思想；三要有独立的职业，班主任如何学会自我疗愈，做一个整个的人?

第一点，要有健康的身体。这个和我们说的“身体健康是 1，其余都是 0”是同一个道理。所以，学校、家庭、个人都要极为重视身体健康教育和训练。整日里忙碌工作的班主任不一定是幸福的班主任，而拥有健康身体的班主任才可能是幸福的。

第二点，要有独立的思想。不要人云亦云，要有自己的判断。最重要的一点是，要虚心学习。

第三点，要有独立的职业。要能自己养活自己，不依附于别人。陶行知说“滴自己的汗，吃自己的饭”。我们在第 1 天里做的职业价值观就和此点有关。

陶行知先生曾自问:“我是不是一个整个的人？”

这个问题让我们一起反思。

第 21 天，我们关注的是职业院校班主任的幸福感。建议你不妨尝试着努力去做一个整个的人吧，首先从锻炼身体开始。

今日练习

给自己 5 分钟，想想如何才能在生活和工作中拥有更多的幸福。把答案写下来，然后尽可能地付诸行动。

【今日练习参考答案】

1. 职业院校班主任一是要找准人生定位，二是要到工作中去寻找意义，三是要认可班主任工作，看到自己工作的价值。建议职业院校班主任多花些时间去思考这三个问题，答案可能有很多，并且交叉的地方一开始不一定那么明显。

2. 案例主要反映的是学生思想工作和班级管理工作的班主任工作职责。

3. 可参考文中班主任的答案。

4. 建议班主任关注突发事件中学生的心理以及提升网上德育工作能力。比如，开展“云班会”等活动。

5. 建议班主任把握育人工作的适宜节奏。

对于学生来说，完成各学科布置的作业是对他的基本要求，而对于班主任来说，及时关注学生的学习情况，配合各任课老师做好学生学习的常规管理也是其基本的职责。

案例中班主任在得知赵同学不交作业的情况后及时询问的处理是对的，但其处理的方法欠妥，具体分析有三不可取：

1）没问清缘由就处理不可取。

孔子说：视其所以，观其所由，察其所安。这位班主任虽然询问了学生不交作业的原因，但是始终没有得到答案，她并没有通过同学、家庭等多方面去了解情况。其实不交作业的原因可能是英语学习遇到困难，可能是与英语老师或者英语课代表的矛盾，也可能是家庭遇到问题导致学习受到影响等。班主任一定要找到原因才能对症下药。

2）大发雷霆不可取。

情绪管理应该是班主任的一门必修课。班级管理过程中一定会遇到各种各样的问题，在千头万绪的工作中出现情绪很正常，但像这位班主任一样大发雷霆是不可取的。根据美国心理学家埃利斯的情绪 ABC 理论：要想缓解不良情绪，首先要有意识地分辨头脑中的非理性观念，积极建立合理观念。而绝对化、灾难化、以偏概全，是非理性观念的三大特征。

3）乱下最后通牒不可取。

通过案例可以看出，这位班主任下了最后通牒后反而将问题升级了，学生从不交作业变成了不进教室。只要求学生当天补齐所有作业，并不能帮他解决困难。在问清缘由的情况下，如果学生是学习遇到困难，可以通过精准帮扶的方式找一个优等生辅导帮助他。

6. 请根据自己实际情况制订计划。

7~11. 答案略。

12. 本参考方案由无锡技师学院邵晓娜老师供稿，2018 年全国技工院校班主任专业能力大赛一等奖作品。

携手未来，打造“创新之家”

——工业机器人专业班级文化建设主题班会

【教育目标】

1. 认知目标：明确创新之家在班级文化建设中的重要性和必要性。

2. 情感目标：引导学生认同创新精神的引领作用，感悟创新精神在专业发展上的作用。

3. 行为目标：通过打造以创新为核心的班级文化，培养学生创新兴趣，激发创新潜能，养成创新习惯。

【班情分析】

教育对象：工业机器人专业一年级新生。

对象情况：学生对智能科技充满了兴趣，但对专业的学习和未来的发展不明确，并缺乏创新精神与创新意识。

【设计思路】

题目：携手未来，打造“创新之家”			
实施环节	导入	视频“机器人来啦”（3 分钟）	了解 2018 北京机器人大会
	环节一	智能世界，创新为本（10 分钟）	活动一：预见新科技，“TA”比过去更懂你
			活动二：且学且创新，有挑战才能有发展

（续）

<table>
<tr><th colspan="4">题目：携手未来，打造“创新之家”</th></tr>
<tr><td rowspan="6">实施环节</td><td rowspan="2">环节二</td><td rowspan="2">专业发展，创新为要（13 分钟）</td><td>活动一：身临其境，科技创新才能赢得未来</td></tr>
<tr><td>活动二：脑洞大开，让创新从“1”到“N”</td></tr>
<tr><td rowspan="3">环节三</td><td rowspan="3">家的起点，创新为锚（12 分钟）</td><td>活动一：“家”有设计，教室环境诠释创新</td></tr>
<tr><td>活动二：“家”有歌声，班级精神铸造创新</td></tr>
<tr><td>活动三：“家”有妙招，自我管理融入创新</td></tr>
<tr><td>总结反思</td><td colspan="2">总结、反思、拓展（2 分钟）</td></tr>
<tr><td colspan="2">设计亮点</td><td colspan="2">沿着知—情—意—行的思维顺序，选择与学生专业紧密联系的创新精神作为教育内容，贴合实际，并用创新手段打造班级文化，易使学生产生共鸣</td></tr>
</table>

【活动准备】

学生准备	1. 收集与机器人相关的资料 2. 分组，提前考虑班级环境的布置方案 3. 提前思考自己的职业规划 4. 学唱“我和 2035 有个约”	老师准备	1. 整理机器人素材 2. 与机器人社团沟通 3. 准备班会案例 4. 下载、剪辑视频

【教育方法】

演示法、讨论法、个案分析法、榜样示范法和实践法。

【实施过程】

导入（3 分钟）

1）播放视频：“机器人来啦”。

2）教师导入：人工智能，正渐渐从一个个的想法变成现实，进而改变着人们的生活方式。利用人工智能技术，过去生活中的难点被一一破解，人们的日子过得越来越智慧。今天就让我们来共同探寻高科技的人工智能机器人吧。感受创新未来、享受创新世界，共创智慧新动能。

【设计意图】

用“机器人来啦”视频导入，能渲染气氛，并与专业切合，引发学生探究的兴趣，进而展开班会。

环节一　智能世界，创新为本（10 分钟）

活动一：预见新科技，“TA”比过去更懂你

1）学生交流讨论：从 iPhone 初代到 2018 最新款，你最喜欢哪一款，哪些创新功能最让你惊艳？

2）PPT 展示各个领域的新科技。

【教师】从传统到创新，“TA”已逐步渗透到人类生活的各个方面，展现了以往所无法想象的智能生活图景。未来，“TA”无疑会比过去更懂你。

【设计意图】通过交流讨论与创新科技产品的展示，增长学生的见识，了解世界智能生活新姿态，明确创新的重要性与必要性。

活动二：且学且创新，有挑战才能有发展

1）与学院机器人社团面对面，学院机器人社团成员介绍社团情况，并展示社团创造、发明的各类小型机器人。

2）讲述故事：创客榜样刘东泽——从小喜欢拆家电，拿下了青少年科技创新大奖，造出了机器人。

【教师】网上商城、外卖、共享单车、人工智能机器人的出现，都为人类生活提供了很多便利，同时也时刻提醒着我们创新影响着世界、创新成就了未来。

【设计意图】以个案分析、榜样示范法来唤起学生的共鸣，鼓励学生认真学习，引导学生认同创新精神的引领作用，提升学生科技创新精神，以此明确班级文化核心——创新为本。

环节二　专业发展，创新为要（13 分钟）

活动一：身临其境，科技创新才能赢得未来

1）与机器人产品过过招，一名学生与扫地机器人进行区域打扫比赛，看谁打扫得又快又干净。

2）学生针对打扫情况，提出扫地机器人的不足，并给出技术创新的设想。

3）播放视频：极思维第二代扫地机器人—家庭守护机器人“创新科技 3 分钟”。

【教师】智能家电市场就像一个动态的竞技场，始终站在原地、不创新、不做升级的品牌迟早会被市场淘汰。科技在不断进步、人们的需求也在不断升级，唯有那些保持着敏锐的市场洞察力、并且付诸行动的企业才能在市场立于不败之地。

【设计意图】选择与专业有关的智能产品，进行有趣的实践比赛以及对产品

的思考探索，能让学生立足专业，明确发展，通过视频的播放，引导他们得到创新要领，达到班级创新文化的共识。

活动二：脑洞大开，让创新从“1”到“N”

【头脑风暴】以形类“钢铁侠”的外骨骼机器人和《环太平洋》中的“人机一体”的巨型机器人为例，畅想机器人的未来。

学生以小组为单位，画出心中未来的机器人，小组交流这个机器人有什么创新点。

【教师】虽然这些都是想象，但是在可预见的未来，你所创造的机器人有可能会实现。

【设计意图】思考、想象、交流能激发学生创新潜能，感悟创新精神在专业发展上的作用，并在今后的学习中为创新科技而努力。

环节三　家的起点，创新为锚（12 分钟）

活动一：“家”有设计，教室环境诠释创新

班级环境布置：将班级划分三个区域，创新墙、创新角、创新桌，学生分组思考如何进行设计，每位设计师讲述自己的想法。

【教师】好的环境能激发我们学习的乐趣，让我们在舒适的环境中认真学习，掌握知识，紧抓机遇，挑战未来。科技创新交给你们了。

【设计意图】通过讨论法、小组合作法，学生为创新之家创设物质文化，既能培养学生团队合作精神，提高班级凝聚力，又能突出创新意识。

活动二：“家”有歌声，班级精神铸造创新

1）唱响“我和 2035 有个约”。全班齐唱“我和 2035 有个约”，在动感的机器人伴舞下，珍惜现在，创新未来。

2）漂流瓶里的畅想。利用 QQ 漂流瓶的功能，畅想未来，简单地写一写职业规划，给自己的未来一份美好的祝愿。

【教师】今天我们通过漂流瓶的功能将你的职业规划写在 QQ 里，希望大家朝着这个方向去努力，5 年以后让我们打开漂流瓶，回头看看你所畅想的未来有没有实现，你的创新有没有改变这个世界。

【设计意图】通过歌唱“我和 2035 有个约”来突出本次班会“创新未来”的主题，为创新之家创设精神文化。通过漂流瓶制定职业规划这个创新的举动，让学生有了更明确的前进方向。

活动三:“家”有妙招，自我管理融入创新

读新闻稿:《最得意的班级管理小创新》，学习他人的小创新，再结合班级实际情况，学生集思广益制定《创新管理妙招集》。

【教师】创新之于班主任而言，可以激活一个班级的灵魂，创新的班级管理可以丰富一个班级的表情。

【设计意图】通过他人小创新的学习，能让学生感悟创新的真正妙处，再通过制定班级管理小妙招，既为创新之家创设了制度文化，又能让学生养成创新的习惯。

【总结反思】(2 分钟)

总结:

创新可以让平凡花草绽放异样光彩，创新可以化腐朽为神奇。让我们锲而不舍、持续开放 、协同创新，为“家”为未来而努力。

反思:

1）活动亮点。选取最新科技为入手点，打造“创新之家”，主题明确又有针对性，既切合实际，又具有创新。准备充足，内容丰富，实践环节生动有趣，可操作性比较强。

2）活动不足。个别学生参与的积极性与主动性不高，需要改进活动的趣味性。

拓展:

1）社团诱惑。鼓励学生加入机器人社团，多学习，多实践，多创新。

2）榜样评比。在教室摆放机器人展示台，学生可以将自己的发明创造或奇妙构思进行展示，学期末评出“机器达人”。

13. 此题由全国第二届中职班主任大赛一等奖获得者徐洁老师作答。

1）这是班主任充分运用教育智慧采用“绿色惩罚”的方式处理违纪学生的案例。

2）案例中的四位同学因为滞留宿舍玩游戏而缺席晚自习，对于这种违纪事件，传统的处理方法可能会是一顿训话或是一张检讨书。如果是这样，那得到的可能会是学生内心抵触地挨着批评，或是一张网上抄写来的检讨书。但这位班主任的处理方法是：首先让学生针对出现的问题书写说明书，“说明书”与“检讨书”的区别在于“检讨书”是班主任已经给你扣上了“犯错”的帽子，学生只需被动接受，而“说明书”是让学生自己去分析“是什么”“为什么”“怎么办”，触动学生主动认识到自己错误，这是学生能接受班主任处理的前提条件；在这个基础上班主任针对四个同学的不同兴趣特长为他们量身定做不同的处理方法，一方面学生觉得得到老师的尊重，这是学生能接受处理的直接原因，另一方面布置的任务都是自己擅长的或者是与兴趣爱好有关的，学生完成起来也会更加愿意，这是学生能接受处理的根本原因。

3）对于这位班主任的做法，我将从以下几个方面加以评价：

①因材施教，从了解开始。

这位班主任为学生私人订制处理方案，这是遵循因材施教的原则。班主任要将德育工作做到学生心坎上，就需要充分了解学生并能针对不同学生采用不同教育方法，只有教育具有针对性和个性化才会有好的教育成效。这位班主任知道小孙有思想主见，知道小李酷爱游戏，知道小王、小杜擅长跑步，这都体现了班主任的平时功夫。

②惩罚教育，从尊重开始。

没有惩罚的教育是不完整的教育。但我们要搞清楚惩罚的目的是什么，惩罚不是让学生感受到羞耻和内疚，而是要激发学生的责任感。所以惩罚要以尊重为前提。这位班主任让学生写调查报告，写论文，参加长跑都属于“绿色惩罚”，是以不伤害学生自尊心为前提的惩罚。

③多元智能，从体验开始。

每个学生都有自己的强势智能，班主任如何引导学生发掘自己的强势智能呢？这位班主任抓住了学生犯错的教育契机，通过布置各个同学感兴趣的任务，让学生在体验中成长和进步，增强学生的获得感。

这是一位将对学生的爱和尊重通过极具智慧的方式进行传递的班主任，这些方法值得我们学习和借鉴。

14. 答案略。

15.《不一样的烟火》由无锡机电高等职业技术学校刘丹萍供稿。

每一个学生都是独立的个体，是等待被挖掘的金子。每一位教育者都希望自己的班级呈现健康积极、乐观向上的班风班貌，我当然也不例外。可是，总有个别不和谐的音符会打破这个美好的愿景。

他，是我们班的头号风云人物。上课迟到睡觉，作业拖拉，顶撞老师，这些都是他三天两头要犯的事。我多次找他谈话交流，但效果仍不明显。我想，要解决实际问题还是得贴近实际、贴近生活、贴近学生才是根本。于是，我开始从他周围朋友同学那里入手了解他。

通过了解得知，他其实是个很不错的孩子。初二升初三那会儿，因为一次事故，手臂受伤，缝了十多针，受到各种激素的影响，加上长时间的缺课，他的身材走了样，成绩也一落千丈。班级同学开始嘲笑他是个大胖子，自尊心受到了极大的打击，总是故意找茬去发泄自己的情绪。久而久之，老师和同学都开始厌弃他。

我想改变他，因为抱怨者只会被痛苦湮没，改变者才能获得新生。我召开了一个主题为“认识自我 肯定自我 改变自我”的主题班会，我先让全班同学用简短的语言介绍自己。轮到他时，他说：“我就是我，不一样的烟火”。同学们打趣地说：“哪里不一样了？”我趁机发问：“对，说说我们和你哪里不一样了？”他支支吾吾地说：“我经常迟到。”说完低下了头。“还有呢？”“嗯，不守纪律。”“还有呢？”他的语气开始变得越发地低沉，全班都寂静了。“让我们为他的诚实和勇气鼓掌”。全班的掌声让他手足无措，他不解地看着我。我说：“我们要向你学习，做个诚实勇敢的人”。然后，我话锋一转，“既然你是一个值得我们学习的榜样，那你将会有怎样的表现让我们更加敬佩你呢？”他沉默不语。

通过和科任老师交流，我得知他 PS 专业科目成绩非常突出，鼓励他报名参加学校举行的“技能成就梦想”主题活动大赛宣传设计项目，他一口回绝了我。可我还是帮他报了名，然后我把他叫到办公室，告知他箭在弦上，不得不发。他说：“我不行，我会让你失望的。”我把收集来的他曾经获奖的照片拿给他，他的眼眶有些湿润。顿了片刻，他突然说了句：“报就报呗，不就一个比赛嘛，谁怕谁”？他开始努力集训，利用一切课余时间上机实操，我也请了科任老师帮忙指点。经过努力，他设计的作品《和吸烟 SAY NO》获得了校二等奖。尝到了这份喜悦，他开始更努力地探究学习，在校企合作期间，表现非常突出，取得了优异成绩。我也慢慢感悟着他的改变。

临近毕业，在班级的毕业寄语上，他依然写的是“我就是我，不一样的烟火”，只不过下面多了一行小字：老师，谢谢您这三年的陪伴，毕业后我打算自己开家网店，自己设计自己经营，用我的特长书写我的人生！

“喂，老师，在忙吗？”

“不忙，你说。”

“告诉你一个好消息，实习单位月考核，我是优秀哦！”

“真棒，我就知道你一定可以的。”

放下电话，窗外夜色如墨，远处的夜空冉起一抹绚丽。随后，一朵朵烟花在黑暗中绽放，瞬间整个夜空变得光彩至极。

每一个烟花都会经过沉寂，没有绽放前的沉寂，也不可能有此时绽放的异彩。学生的独特性在于他们的差异性。我们应该坚信，他们一定可以绽放出属于他们的异彩。

16. 答案略。

17. 此题由本书作者供稿《教育就是期待》。

2020 年的春天如期而至，可有很多人没有看到春天的花开，又有很多人在这个春天里离去。4 月 4 日 10 时起，全国人民默哀 3 分钟，汽车、火车、舰船鸣笛，防空警报鸣响。那一刻，我泪如雨下，一遍又一遍地听着《祈祷》。

毕飞宇在《推拿》里说：“每个人的眼泪不一样，但想哭的念头是一样的。”

在这个超长寒假里，我还有一次泪如雨下。那是大年初七在学校里加班，晚上开完会后已经很晚。一个人在空旷无人的马路上开着车，泪水止不住地流。那时我宁愿路堵一点，期待着赶紧让我们回到原来正常的生活状态。

教育本身就是期待。

每个人都期待能够过上自己心目中向往的、可能的生活。我现在最大的期待是师生能够安全地返校，让春意盎然的校园不再寂寞……这种种期待能够让我们对现存的生活做出反思和批判。

真正意义上的教育不是要让人“适合”于现存的生活，而是要让人去“探寻”理想的生活可能是什么。因为这份“探寻”，我们就会去努力“创造”理想的生活。

开学后我们无疑会面临着更严峻的考验。这是一场硬仗，我们需要同心协力、共渡难关。我相信，教育能够在我们对“理想”生活的共同期待中发挥更大的超越现实的力量。

18~21. 答案略。

后记　最后我成全了自己的快乐和幸福

写这本书的初衷是为了帮助年轻班主任不再害怕承担班主任工作。

写完书之后，我才发现其实这次写作最后是我成全了自己的快乐和幸福。

第一份快乐和幸福是，这本书成全了我对青年教师成长的期待。

从走上工作岗位起，我就是一名班主任，我的成长离不开众多导师的悉心指导。我发现，当我每次打开计算机开始写作时，文中的那个“你”很多时候就是“我”自己，我在对着“我”说话与写作。

但我更期待这本书能够给年轻的班主任老师提供指导，“你”的成长就是“我”的成长。

记得2004年第一次竞岗学工处主任岗位时，我就说过：“当一个年轻班主任工作偏离轨道时，我们应该拉他一把，告诉他，万事开头难；当一个班主任满腹牢骚时，我们应有一颗善解人意的心灵，一个海纳百川的胸怀。”

工作中，我常常对年轻班主任说：“放开所有的束缚，大胆地开展工作，有成绩是属于你的，有责任我来承担。”这句简短的话语，是我的一位师傅常常对我说的。当初这句话对初生牛犊的我来说，无疑给了我工作上极大的信心和动力。

在师傅的感染下，工作中我也是这样做的。在具体的工作中，如果我交代的一些事情年轻班主任没有落实到位，我总是说是自己在工作之前没有交代到位，没有安排好。因此，年轻班主任在工作上面有困难时，总喜欢找我帮忙，而我总是竭尽全力、不厌其烦地帮助他们去寻找解决问题的方案。

本书的写作思路亦是如此。

第二份快乐和幸福是，这本书成全了我对德育工作的热爱。

迄今为止，回顾自己28年的职业生涯，我当过见习班主任、班主任、团委干事、舍务主任和专业部副主任，除去负责2年党政工作、1年多后勤管理工作外，其余时间我一直在从事着德育工作。不夸张地说，我对德育工作的热爱之情已渗透到自己的血液之中。

在这个特殊的超长假期中，我能够抽出时间来写作与德育工作相关的内容，对于我自身而言，本身就是一种最大的成全，让我从中收获很多的幸福感和价值感。

从二月萌发写作念头开始，只要有时间，我就会在键盘上不停地码字。到了暮春四月，这本书稿完成了。五月、六月这两个月我没有闲暇来审阅书稿。等到了七月，暑假开始时，我终于又可以定定心，坐下来重新阅读、修改当初匆匆而就的书稿，一页一页地翻过，我不由自主地想到了《论语》中的那个美好的画面：

“暮春者，春服既成，冠者五六人，童子六七人，浴乎沂，风乎舞雩，咏而归。”

我在本书自序里感叹“教育不是简单的事”，在这篇后记中我想加上一句——教育不是简单的事，但教育真的可以很美好。

本书的完成给我最大的成就就在于此。

第三份快乐和幸福是，这本书成全了我对后勤工作的认识。

熟悉我的人听说我现在分管后勤工作后，总是会好奇地问我：“怎么会让你去管后勤呢？”本书的写作开始于新冠疫情防控时期，我作为分管学校后勤工作的领导，没有超长时间的寒假，只有超长时间的工作。

电影《天气预报员》有一句经典台词：“难做的事和应该做的事，往往是同一件事。”我是后勤工作的新兵，万事都在起点学习。但我逐渐发现，因为新近分管了后勤工作，反而可以从服务育人的角度更为细致地学习、思考和实践了。

陶行知先生说：“学校以生活为中心。”“康健是生活的出发点，亦是学校教育的出发点。学问、道德应当有一个活泼稳固的基础，这基础就是康健。俗话说：‘百病从口入。’同志们务必注意，办学校是要从厨房饭厅办起的。”其实，我到后勤岗位工作乃是幸事，因为我一直在研究生活德育。

本书的写作是我沿着生活德育的研究道路默默地坚定前行的印记。

写作本书的过程，并非一帆风顺，有过写作时间无法保证的急躁不安，有过写作思路受阻的痛苦，有过想就此放弃的颓废崩溃，但最后还是咬牙坚持下来了。

我的母亲，一位大字不识几个的农村人，每当和我视频时看到我蓬头垢面、焦躁不安的样子，总会问：“你都这么大年纪了，头发都写白了，为什么还要这样苦呢？”

每次我都告诉母亲：“苦是苦了点儿，但我内心却快乐着呢！”

最后，我有幸成全了自己的幸福与快乐，也感谢自己的坚持，他人的帮助及关心。

2020 年 5 月　写于无锡香缇

2020 年 7 月　修改于无锡万象城

参考文献

［1］张伟，汪永智．新时代魅力中职班主任专业素养提升指导教程［M］．北京：高等教育出版社，2019.

［2］林崇德．品德发展心理学［M］．西安：陕西师范大学出版社，2014.

［3］李镇西．做最好的班主任［M］．桂林：漓江出版社，2014.

［4］诺埃尔·蒂奇．领导力循环：伟大的领导者引领企业制胜的关键［M］．杨斌，译．杭州：浙江人民出版社，2014.

［5］艾莉森·高普尼克．园丁与木匠［M］．刘家杰，赵昱鲲，译．杭州：浙江人民出版社，2019.

［6］博恩·崔西．吃掉那只青蛙：博恩·崔西的高效时间管理法则（原书第3版）［M］．王璐，译．北京：机械工业出版社，2017.

［7］郑杰．为了学习的合作 ：如何让高效学习在课堂真正发生［M］．武汉：长江文艺出版社，2018.

［8］古典．跃迁：成为高手的技术［M］．北京：中信出版社，2017.

［9］安德斯·艾利克森，罗伯特·普尔．刻意练习：如何从新手到大师［M］．王正林，译．北京：机械工业出版社，2016.

［10］陈意文．家庭中的正面管教：日常教养难题的SFBT训练法［M］.北京：中国妇女出版社，2015.

［11］奇普·希思，丹·希思．行为设计学：打造峰值体验［M］．靳婷婷，译．北京：中信出版社，2018.

［12］泰勒·本－沙哈尔．幸福的方法［M］．汪冰，刘骏杰，译．北京：中信出版社，2013.